有特色高水平民办高校建设研究

傅鹏鹏　主编

光明日报出版社

图书在版编目（CIP）数据

有特色高水平民办高校建设研究 / 傅鹏鹏主编 . -- 北京：光明日报出版社，2019.9（2022.4 重印）

ISBN 978-7-5194-5545-3

Ⅰ.①有… Ⅱ.①傅… Ⅲ.①民办高校—教育建设—研究—中国 Ⅳ.① G648.7

中国版本图书馆 CIP 数据核字（2019）第 210669 号

有特色高水平民办高校建设研究

YOU TESE GAOSHUIPING MINBAN GAOXIAO JIANSHE YANJIU

主　　编：傅鹏鹏

特约编辑：万　胜　　　　　　责任编辑：陆希宇
责任校对：赵鸣鸣　　　　　　封面设计：中联学林
责任印制：曹　净

出版发行：光明日报出版社
地　　址：北京市西城区永安路 106 号，100050
电　　话：010-63169890（咨询），63131930(邮购)
传　　真：010-63169890
网　　址：http：//book. gmw. cn
E - mail：gmrbcbs@ gmw. cn
法律顾问：北京市兰台律师事务所龚柳方律师

印　　刷：三河市华东印刷有限公司
装　　订：三河市华东印刷有限公司
本书如有破损、缺页、装订错误，请与本社联系调换

开　　本：170mm×240mm
字　　数：193 千字　　　　　　印　　张：15.5
版　　次：2019 年 9 月第 1 版　　印　　次：2022 年 4 月第 2 次印刷
书　　号：ISBN 978-7-5194-5545-3

定　　价：85.00 元

前　言

　　我国民办高校的兴起在改革开放之后。先前民办高等教育发展在规模与质量的抉择中更为注重规模的扩张。1992年，邓小平南方谈话后，将民办高校纳入国家高等教育体系，明确了民办高校的地位，推动了民办高校发展。1999年，国家实行高校扩招、加快实施高等教育大众化政策，民办高校随之得到快速发展。2001年，普通高等专科学校设置审批权下放之后，大量的民办普通高等教育机构以"高等职业技术学院"形式上报审批，民办高校的数量由此大增。

　　民办高校的快速发展，为弥补中国高等教育供给不足起了重要作用。与此同时，也出现了管理和质量方面的一些问题。随着经济社会的发展和高等教育普及化程度的提高，社会开始关注民办高校办学的规范性和办学质量。为此，在继续支持民办高校发展的同时，国家教育部门开展引导民办高校转变发展方式，走加强内涵发展道路。2006年，教育部发布《关于提高高等职业教学质量的若干意见》，同年12月，国务院办公厅发布《关于加强民办高校规范管理引导高等教育健康发展的通知》，要求民办高校应对市场需求，适度控制招生人数，立足于教育质量的提高，推进学校各方面建设。

　　2010年7月，中共中央、国务院颁布实施《国家中长期教育改革与发展规划纲要（2010—2020年）》（以下简称《国家教育规划纲要》），进一步强调办好民办高校，要求"民办学校创新体制机制和育人模式，提高质量，办出特色"，提出要"办好一批高水平民办学校"，为民办高校提出了新的发展目标和要求，特别是建设有特色高水平民办高校，把民办高校的发展推到了新的阶段。

建设有特色高水平民办高校，是中央根据我国高等教育发展的要求和民办高校的实际做出的重大决策，它对民办高校的发展将产生重要和深远的影响作用。《国家教育规划纲要》提出建设有特色高水平民办高校，对广大民办高校是一个巨大的鼓舞。但怎么建设有特色高水平民办高校，一些民办高校说不清、道不明，工作无所适从。显然，加强理论研究已成为有特色高水平民办高校建设的现实要求。

2016年夏末秋初，南昌理工学院（简称"南理"）迎来一批客人相聚洪都。耳闻目睹南理的发展速度之快、规模之大、社会效益之好，大家惊叹不已。同时，也对其发展过程中遇到的问题，产生了强烈的追根溯源、一探究竟的冲动。由于特色化是高水平民办高校的基础和保证，为此，确定了有特色高水平民办高校建设研究题目，研究团队也相继产生。在多次调研的基础上，反复深入讨论，提出了本课题研究的基本思路和内容。

第一，考察我国民办高等教育发展历史与现状。有特色高水平民办高校建设，是民办高校发展的必然结果，要研究民办高等教育发展的历史，发展的现状，取得的成就和存在的问题等，以此作为建设有特色高水平民办高校的基础。

第二，研究有特色高水平民办高校建设的必要性和可行性。从我国高等教育发展面临的形势和任务，分析建设有特色高水平民办高校的必要性；从高等教育发展面临的机遇，分析建设有特色高水平民办高校的可行性，以及增强建设有特色高水平民办高校的紧迫感、使命感。

第三，研究高水平民办高校的特色建设。高水平民办高校首先是有特色的高校。为此，要从民办高校的实际，培育民办高校特色，特别是治理特色、人才培养特色、学科专业特色和文化特色。

第四，研究并提高民办高校的办学水平。根据高水平民办高校建设的要求，结合民办高校建设的实际，突出提高民办高校师资队伍水平、民办高校教学水平、民办高校科研水平、民办高校党建工作水平，从而提高民办高校建设的整体水平。

第五，研究民办高校的外部环境。建设有特色高水平民办高校除了民办高校自身努力外，外部环境十分重要。根据目前民办高校的外部环境的实际，重点研究民办高校的法律地位、对民办高校的政策支持、落实民办高校办学自主权等，为建设有特色高水平民办高校创造良好外部环境。

第六，构建有特色高水平民办高校指标体系。建设有特色高水平民办高校，指标体系必不可少。本课题从民办高校的办学思想、管理体制、学科专业、师资队伍、教学质量、科学研究、学生质量、办学条件和社会影响等方面，探索有特色高水平民办高校建设指标体系，旨在为有特色高水平民办高校建设提供评价依据。

研究方法对研究任务的完成具有重要意义，它是过河所需要的"桥"或"船"。本课题主要采取以下所研究方法。

一是政策理论研究和实际调研紧密结合。首先，吃透政策，把中央和各级政府主管部门关于民办高校建设发展的政策法规等文件吃透，了解和掌握民办教育特别是高校发展遵循的法规政策路径。其次，搜集整理教育理论界有关民办高校发展建设的论文书刊，分门别类进行研究，掌握理论界学术动态和最新研究成果，做到了然于胸。在此基础上，有针对性地对不同地区不同专业类型的民办高校进行调研，了解其发展历程，并对办学特色、教学体制方法等方面的经验做法，进一步厘清发展中遇到的问题和困惑，征询建议意见，进而进行梳理归类。

二是个案解剖和普遍摸底相结合。重点对南理进行解剖。课题组把对南理的解剖当作首要任务，多次考察，召开各个层次的座谈会，听取各方意见。进而把在南理取得的共识，与各地其他民办高校的调研有机结合碰撞，从而在交流互动中提炼思路，升华认识。在选择调研的区域上，不拘于南理，而是面向整个江西省；不仅面对江西，而且选择了浙江、河北等沿海省份或环京津地区，以及西北等地区。

三是历史眼光和现实、国内和国际相结合。不仅考察我国历史上民办高校的历程，而且要掌握改革开放以来特别是当前民办高校发展出现的问题和动向；不仅要研究国内，同时要了解国外，进行比较借鉴。为此，本课题中包括国外民办高校的经验以及国内民办高校建设案例。

经过两年的努力，本课题研究工作最终完成。其主要特点在于三点一是现实性和前瞻性结合。立足于现实，以习近平新时代中国特色社会主义思想为指导，认真贯彻党的十九大精神，力求高站位、全方位地对有特色高水平民办高校建设和发展提出政策思路和路径选择。二是系统性和实用性结合。对有特色高水平民办高校的建设发展，不仅提出外部环境的建设改造，同时强调内部管理和体制改革的重要性和可供借鉴的有效做法。既关注民办高校行政管理和教育改革，同时重视民办高校党的建设和思想政治工作。案例选择上，既有理工类院校，也有外语艺术类等院校。三是继承性与创新性结合。本课题研究是在过去研究基础上进行的，既吸收了以往的研究成果，又结合新的情况提出了一些新的观点。例如，民办高校如何分类管理，民办高校的经费筹措和资产管理，民办高校党的建设，等等，都提出了带有独创性的观点和措施。在对建设有特色高水平民办高校提出对策思路的同时，还提出了一整套考核评估有特色高水平民办高校的指标体系和办法。

有特色高水平民办高校建设，是一项长期而艰巨的任务，对民办高校的研究同样是一项长期的艰巨的工作。我们的研究，与其说是一项研究成果，不如说抛砖引玉开了个头。期待广大读者、同人不吝赐教，也期待更多的理论和实际工作者参与研究，为建设有特色高水平民办高校做出应有的贡献。

目 录
CONTENTS

第一章 我国民办高等教育发展历史与现状 …………………… 1

一、我国民办高等教育发展历史回眸 ……………………… 2

二、我国现阶段民办高校的发展状况及贡献 …………… 10

三、我国民办高校发展取得显著成就的原因 …………… 14

第二章 建设有特色高水平民办高校的形势与任务 ………… 17

一、建设有特色高水平民办高校的重要性与可行性 …… 17

二、建设有特色高水平民办高校的机遇与挑战 ………… 27

三、国外私立高校（民办高校）快速发展的启示 ……… 38

第三章 推进民办高校的特色建设 …………………………… 48

一、培育民办高校的治理特色 …………………………… 48

二、培育民办高校的人才培养特色 ……………………… 57

三、培育民办高校的学科专业特色 ……………………… 68

四、培育民办高校的文化特色 …………………………… 76

第四章 提高民办高校的办学水平 …………………………… 86

一、提高民办高校的教师队伍水平 ……………………… 86

二、提高民办高校的教学水平 …………………… 97

三、提高民办高校的科学研究水平 ………… 105

四、提高民办高校党的建设工作水平 ……………… 116

第五章　建设有特色高水平民办高校的外部保障 ………… 127

一、制约民办高校发展的外部因素 ………… 127

二、优化民办高校稳健发展的外部环境 …………… 133

第六章　建设有特色高水平民办高校的指标体系………… 142

一、制定有特色高水平民办高校指标体系的必要性 142

二、有特色高水平民办高校指标体系的建构 ………… 151

三、有特色高水平民办高校的指标体系及评价的基本要求 … 160

第七章　建设有特色高水平民办高校若干案例………… 168

一、浙江树人大学建设高水平民办高校的经验 ………… 168

二、河北山东河南五所民办高校特色化办学的实践探索 181

三、海南科技职业大学的办学特色与发展方向 ………… 199

四、南昌理工学院建设有特色高水平民办高校的报告 ………… 210

参考文献………………………………………… 227

后　记………………………………………… 232

第一章
我国民办高等教育发展历史与现状

民办高校（国内也有称"民办大学"，国外一般称"私立大学"）在国外高等教育结构中有着举足轻重的地位。在许多国家，私立大学占主导地位，如美国、日本、韩国、印尼、泰国等，私立高校早在1998年所占比例就在65%以上。其中，代表美国高等教育最高水平的学校，如哈佛大学、普林斯顿大学、耶鲁大学、麻省理工学院、斯坦福大学等世界一流学府，更是为人类科技文明进步做出了不可磨灭的贡献。而在日本，私立大学占全国大学总数的近80%，早稻田大学、庆应大学等饮誉世界的名牌大学都是私立大学。在我国，萌芽于1905年的现代意义上的民办高校，从20世纪50年代初被取消到改革开放后复兴，历经风风雨雨，已经走过114个年头。截至2018年5月31日，全国高等学校共计2914所，其中国家承认学历的民办高校共有735所。作为高等教育的重要组成部分，我国迅速发展的民办高校正形成一支强劲增长的高等教育力量。

2010年，我国GDP总量超过日本，以世界第二大经济体的身姿出现在国际舞台上。旨在充分发挥高等教育在建设社会主义现代化国家中的基础性先导作用，2010年7月29日颁布实施的《国家中长期教育改革和发展规划纲要（2010—2020年）》《国家教育规划纲要》提出了"办出特色，办好一批高水平民办学校"的工作目标和定位，第一次从国家最高层面对建设"有特色高水平民办学校"提出了明确要求。

建设"有特色高水平民办高校"，符合社会多样化的需求，是在新阶段引领民办高校发展的新航标。作为民办高等教育发展的指引，有特色高水平民办大学将代表民办高等教育发展的方向，引领和带动中国民办高等教育发展的未来。加强有特色高水平民办高校建设的研究，对加快我国从教育大国到教育强国，从人力资源大国到人力资源强国迈进，实现中华民族伟大复兴的中国梦，具有重要的理论和实践意义。

建设有特色高水平民办高校，是民办高校发展的历史必然。建设有特色高水平民办高校，需要研究民办高等教育历史发展与现实状况，以此作为建设有特色高水平民办高校的基础和起点。

一、我国民办高等教育发展历史回眸

（一）我国私立教育源远流长

远在2400年前的春秋时期，具有高校性质的古代私学顺应历史潮流应运而生。孔子可谓是创办我国私立高校的先驱。据《史记·孔子世家》记载，"孔子以诗、书、礼、乐教弟子，盖三千焉，身统六艺者，七十有二"。战国中期出现的"稷下学宫"，实际上是一所由官家操办而由私家主持的高等学府。"私学"由此促进了学术的发展，奠定了中华民族传统文化的基础。

私学在秦代遭废，汉代复兴。由于汉初统治者的宽松政策，汉代官学、私学均获得较大发展。私学中出现的"经馆"（又称"精舍""精庐"）实际上相当于专门的私立高校。与太学（中央官学）相比，经馆不仅传授儒学，而且还传承法律、天文、医学等非儒家学说，因而在数量和传授的具体知识上都比官学庞大、全面。

魏晋南北朝是中国封建社会由统一走向大分裂的动荡时期。由于战乱，统治者无暇顾及教育，因而教育事业总体上呈衰落境况。这一时期教育的延续主要是依靠私学。当时由名师大儒开办的具有高校性质的私学，为后代书院的建立和发展，以及隋唐时期教育制度的发展和完善奠定了基础。

隋唐五代时期是我国封建社会的鼎盛时期，由于统治者采取鼓励政策，官学兴盛，私学也颇发达。私立高校在隋唐时期成为教育制度中不可缺少的重要组成部分，与发达的官学相互影响、相互补充，一起为隋唐时代文化教育事业的繁荣昌盛做出了重要贡献。尤其是唐末五代出现的"书院"，是一种以私人创办为主、教学活动与学术研究相结合的高等教育机构。

书院兴盛于宋，至清末改为学堂，历时近千年，对我国古代教育和学术文化的发展发挥了重要作用。作为江西书院史上最早创立的桂岩书院，为中国最早的聚徒讲学书院之一。宋朝是私立书院发展的黄金时期，其最显著的标志，就是由私人创办的闻名全国的四大书院，即江西的白鹿洞书院、湖南的岳麓书院、河南的嵩阳书院和睢阳书院。两宋期间，我国共建书院720所，其中江西创建书院224所排全国第一名。而以朱熹拟订的《白鹿洞书院条规》为代表的书院教育理论，也对当时学术文化和理学的发展起了重要作用，并为后世书院所依循，影响了整个封建教育的发展。

元代在历史上曾有"书院之设、莫盛于元"之说。这一时期，统治者对书院推出了一些鼓励创办发展的措施，但并非放任自流，而是逐步加强控制。因此，书院官学化倾向较为明显，书院也丧失了淡泊名利、志在问学修身的初衷，从而逐渐沦为科举的附庸。但总体上看，元朝书院对当时文化教育的普及、理学的传播仍发挥了积极的作用。

明朝时，书院的发展经历了一波三折的大起大落。明初注重官学而抑制私人书院，到弘治年后私人书院复起，至正德、嘉靖年间发展到顶峰。仅嘉靖一朝44年间，新建及修复各类书院就达596所，远远超过以往各个朝代。但明朝到了中后期，对思想的控制逐步加强，其间出现了四次禁毁书院的事件，如天启年间禁毁东林书院等。

清朝九十年间，统治者对书院采取抑制政策，并逐渐转变为严格控制监督下的积极发展。由于官学化日趋严重，绝大多数书院成了科举的预备场所。此外，书院也是近代新式学堂的前身。光绪二十七年（1901年）八月，清政府采纳张之洞、刘坤一的建议，下诏将所有书院改为学堂，预示着书院的终结，也预示了整个封建教育的破产。但无论如何，作为既是教学中心、又是学术活动中心的书院，是我国古代民办高校优良传统的一种体现，是我国封建教育制度的重要组成部分，在传承文化、交流学术方面做出了历史性的贡献。

近现代意义上的我国民办高校可分为两个部分：一是外国教会创办的教会大学和学院；二是中国人自己办的私立大学和学院。

1840年鸦片战争后，西方列强强迫清政府签订了许多不平等条约，同时利用对中国索取的赔款获得了在中国兴办教会学校的特权。在清政府采取的放任政策（教会成立大学甚至无须立案）之下，美、英等国从1871年在武昌建立第一所高校"文华大学"起，至1919年间先后在中国建立了20余所规模较大的教会大学。据1917年《中国宗教年鉴》统计，外国人所办教会大学学生占当时大学生总数的80%。至20世纪20年代，教会大学几乎主宰了中国高等教育。此后特别是收回教育主权运动后，教会大学才逐步受到中国政府的控制。教会大学是帝国主义对中国进行文化侵略的重要工具，其目的是进行奴化教育，但由于它最早创办了中国的新式学堂，最早创办了女子学校，且教育质量较好，在引进了西方文化科学的同时，客观上也对中国现代教育的发展起了一定的推动作用，促进了中国文化的一次巨大变革。伴随着教会大学的兴起，中国的有识之士开始集资创办仿效教会学校的私立高等学校。最早可追溯至1878年张焕纶在上海创办的正蒙书院。1903年清政府颁布《奏定学堂章程》，明文鼓励富商绅士创办新式学堂，对私立高校发展起到了促进作用。据现有资料，清末私立高等学校中，由国人自办的有1905年创办的中国公学、复旦公学，以及1908年创办的广州光华医学堂；由外国人兴办的有1900年创立的东亚同文书院、1907年成立的德文医学堂和1909年创立的焦作路矿学堂等。此为私立大学发展的萌芽期。

1912年中华民国成立，政府当局提倡建立新式学堂并鼓励私人办学，私立高校由此得到较大发展。1917年后全国陷入长达10余年的军阀混战，官办教育受到遏制，私立高等教育由此获得良机得以迅速发展。1925年广州国民政府成立后，随着北伐胜利和军阀混战局面结束，中国社会出现了少有的稳定形势，政府颁布了一系列条令，加强对私立高校管理，并对私立高校实施资助，促进其发展。据统计，至1935年，全国私立高校达53所，学生达20664人，分别占全国高校（公、私立高校）和学生总数的49.1%和49.3%。抗日战争爆发后，私立高校在抗战初期受到战争破坏而损失惨重，抗战后期由于当局对私立大学的支持和各界爱国人士鼎力相助，私立高校有所恢复和发展。据1946年统计，私立高校有64所，学生40581人，分别占全国高校（公、私立高校）和学生总数的34.6%和31.5%。

通过简要梳理，我们得到三点启示。一是，几乎在我国历史上的各个阶段，民办学校或直接或间接地都对我国民族文化传承起到了积极的作用。与仅为培养和选拔官吏的官学相比，具有高校性质的古代私学范围更广、数量更多，其与官学共同承担了国家高等教育的任务。更重要的是，古代私学在官学衰弱之时，主要承担了传统文化知识的传承重任，为中华民族文化教育的延续做出了贡献。而近现代意义上的民办高校则在封建旧教育与现代教育之间起到了承上启下的作用，不仅传播了西方文化、科学，而且对旧教育进行了一系列卓有成效的改革，对我国现代教育发展起到了耕耘播雨的作用，并与公立学校携手发展，促进了中国近现代的社会进步与经济发展。二是，民办学校的兴衰与历代统治者的文教政策息息相关。每当文化、教育氛围宽松自由，政府大力支持倡导之时，都是民办学校兴盛之际；而在民办高校遭到禁毁的时段，它依然有着"禁而不绝"的生命力。私学同官学的关系也常常是官学衰败则私学兴盛，官学兴盛则私学或衰败或处于官学的附属地位。相对时兴时衰的官学，私学成为在社会上影响更广泛、更深入的教育形式。而现阶段中国民办高校的重新崛起，在某种意义上可以说是历史的延续。三是，民办学校在我国教育、文化发展史上功不可没。中国文化的传承是以私学为主体，私立高校是知识分子宣讲学术观点、进行学术争鸣的场所，是传统文化得以传承的重要阵地，是传递和延续学术思想的重要基地，极大发展和传承了中国文化。

（二）新中国成立后民办高校的发展历史

新中国成立初期，我国共有高校227所，其中89所为私立大学，大约占全国高校总数的39%。但随着我国公有制经济体制的确立，中国政府全面采用苏联教育模式，实行了政府包办教育，倾向发展公办高校。1951年将全部教会大学收为国有，1952年又将所有私立高校机构全部改为公立，私立高校随之消失，中国的民办高校由此销声匿迹长达20多年。在这一时期，高等教育一直是由国家财政独自承担。

十一届三中全会后，我国民办高校随之复苏。1978年，以我国第一所民办高校——湖南中山进修大学（原湖南长沙中山业余大学）的成立为标志，我国民办高等教育在沉寂20多年后重新登上历史舞台，揭开了新时期中国民间办高校的序幕。从成为公办高校的附属和补充，到成为整个高等教育体系的重要组成部分，我国民办高校走过了一条曲曲折折的发展之路，经历了三个不平凡的阶段。

第一阶段，复苏期（1978—1992年）。此阶段初期，尚无正式的法律法规文件。但随着我国改革开放的帷幕拉开，随着国民经济的增长和人民生活水平的逐步改善，含民办高校在内的民办教育破土而出。较早出现的一批民办高等学校，如北京自修大学、中国农民大学和中华社会大学等，都是在相关民办高等教育政策出台前，由一些社会地位较高、身份比较特殊的社会知名人士或知识分子群体支持创办的，都得到了国家的支持。以1982年全国人民代表大会通过的《中华人民共和国宪法》为标志，包括民办高校在内的所有民办教育的地位得到法律的确认。1985年3月和5月，中共中央又先后颁布了《关于科技体制改革的决定》《关于教育体制改革的决定》，指出"地方要鼓励和指导国家企业、社会团体和个人办学"，其中表示了对民办高校的认可。1987年国家教育委员会又颁布实施《关于社会力量办学的若干暂行规定》，对民办教育的发展进行了进一步的规范。

第二阶段，快速发展、立法规范期（1992—2016年）。1992年年初，邓小平南方谈话和十四大以后，各级政府对民办高校采取积极鼓励态度，民办教育进入了空前活跃和快速发展阶段。1993年2月，中共中央、国务院颁布的《中国教育改革和发展纲要》，首次提出"逐步建立以政府办学为主、社会各界共同办学的体制"，明确了国家关于发展民办高校的"积极鼓励，大力扶持，正确引导，加强管理"的十六字方针。1997年，十五大正式提出"科教兴国"战略，国务院颁布中华人民共和国第一个规范民办教育的行政法规《社会力量办学条例》，标志着中国民办高校进入了依法办学、依法管理、依法行政的新阶段。我国民办高教事业由此呈现出高速发展的势头，民办教育发展的重点也开始转向中、高等职业教育和职业培训领域，其间民办高等学校由1991年的450所猛增到1997年的1252所。在1999年6月中旬召开的第三次全国教育工作会议上，江泽民强调"可以动员社会的力量办一点民办高校，作为现有高校的补充"。会议中共中央、国务院发布的《关于深化教育改革全面推进素质教育的决定》明确提出，要"在发展民办教育方面迈出更大的步伐"，"积极鼓励和支持社会力量以多种形式办学，满足人民群众日益增长的教育需求，形成以政府办学为主体、公办学校和民办学校共同发展的格局"。民办教育的定义第一次从"对公办教育的补充"改为"与公办教育并重"，各级教育管理部门甚至直接给部分民办学校以资金支持，民办高校发展驶入快车道。

这一阶段，是我国民办教育不断探索立法规范发展的重要阶段。2002年11月，十六大召开，民营经济在我国社会结构中的政治地位在十六大报告中得到充分肯定；同年12月，《中华人民共和国民办教育促进法》正式颁布（以下简称《民办教育促进法》），标志着我国民办教育进入依法规范发展期。2004年4月，《中华人民共和国民办教育促进法实施条例》正式施行，优惠政策的规定更具体、更明确。2010年3月《国家中长期教育改革和发展规划纲要（2010—2020年）》向社会发布，就建立高校分类体系、实行分类管理，以及依法落实民办学校、学生、教师与公办学校、学生、教师平等的法律地位，保障民办学校办学自主权、促进高校办出特色等要求，做出了明确规定。2012年十八大召开，将全面依法治教推向了新高度。从《中华人民共和国教育法》（以下简称《教育法》）《中华人民共和国高等教育法》（以下简称《高等教育法》）到《中华人民共和国民办教育促进法》，教育法律的修订工作陆续完成。尤其是2016年修订的《中华人民共和国民办教育促进法》，明确规定对民办学校进行分类管理，"民办学校的举办者可以自主选择设立非营利性或者营利性民办学校"，"不得设立实施义务教育的营利性民办学校"。修订后的法律还明确规定，非营利性民办学校可以享受与公办学校同等的税收优惠和用地政策，还可以享受政府补贴、基金奖励、捐资激励等扶持措施。由此确立了非营利与营利分类管理法律依据，从法律层面破解了多年来困扰民办教育发展的法人属性、产权归属、扶持政策等瓶颈问题。同时，从《中华人民共和国职业教育法》到《校企合作条例》，从《中华人民共和国民办教育促进法实施条例》（修订案）到《国家教育考试条例》，从《学校安全条例》到《中华人民共和国学前教育法》《依法治教实施纲要（2016—2020年）》，一系列教育法律法规的相继出台和不断完善，教育法律制度体系更为健全，使有法可依、有法必依、全面依法治教的保障更加牢固，全面夯实了我国民办高校规范发展的法治根基。

第三阶段，"质""量"并进发展新时期（2016年至今）。以2015年10月24日国务院关于印发的《统筹推进世界一流大学和一流学科建设总体方案》为标志，开启了我国从高等教育大国到高等教育强国历史性跨越的新阶段。在这份"双一流"建设的总体方案中，明确提出了分三个阶段性的发展战略，分别是2020年、2030年和21世纪中叶，而且在21世纪中叶，一流大学和一流学科（简称"双一流"）的数量和实力要进入到世界前列，基本建成高等教育强国的总体目标。同时坚持以学科为基础，明确了高校差别化发展导向，既适度发展综合性大学，也支持鼓励发展小而精、有专业特色的学校，实行分类推进。2017年9月，高校"双一流"的建设目标被正式提上日程。教育部、财政部、发改委公布了中国世界一流大学和一流学科（简称"双一流"）建设高校及建设学科名单，共计137所高校入围"双一流"建设名单。这份名单是中国高校最新的总体布局和顶层设计，它标志着中国高校的"双一流"建设正式进入施工建设期，开启了中国高等教育向内涵式发展道路转变的新征程。最重要的是，2017年10月十九大明确提出"公平而有质量的教育"，强调要"加快一流大学和一流学科建设，实现高等教育内涵式发展"。为我国高等教育进一步明确了发展的方向，将引领我国高等教育走向一个全新的多样化发展阶段，与民办高校交相辉映，呈现出百花齐放、百舸争流的中国气派。

追溯过往，我国民办高校的发展，无论对于五千年的古代文明的传承还是对我国现代文明的发展，都直接或间接地起到了积极有效的促进作用。民办高校的发展与政府对其态度息息相关，政府的支持可以促进民办高校的发展，反之则会阻碍其发展。处在社会主义初级阶段，作为我国高等教育体系的一个重要组成部分，加快整个高等教育的发展离不开民办高校的参与。特别是在进入发展新阶段当下的中国，充分发挥高等教育的作用，民办高校有着十分广阔的发展空间。

二、我国现阶段民办高校的发展状况及贡献

进入21世纪以来，我国民办高等教育发生了巨大的变化。办学机制不断创新，办学水平不断提高，办学行为不断规范，办学声誉不断提升。民办高等教育的复兴发展，为缓解高等教育供求关系严重失衡的矛盾、满足人民群众接受高等教育的强烈愿望、为社会培养大批经济建设和社会发展需要的人才，为推动高等教育竞争、增强高等教育活力、促进高等教育的改革、发展和效率的提高，增添了特有的光彩。

（一）现阶段民办高校发展状况

第一，办学规模持续增长。不同类别的民办高校通过培训学院升格为高职学院，高职学院升格为本科学院，本科学院开设专业硕士研究生教育等层次，增量凸显。2016年，我国民办高校总数为742所（含独立学院266所），比2006年增加146所，增幅达19.7%，10年的年平

均增幅接近2%；在校生634.06万人，比2006年增加353.57万人，增幅达126%，10年的年均增幅接近13%，约为学校数增幅的7倍。十年来，提高规模效益是民办高校发展的主要途径。

第二，办学条件日臻完善。近年来，随着民办本科院校不断加大投入，其整体办学条件极大改善。《中国民办本科教育质量报告》显示：据统计，从2010年至2015年，民办本科院校生均教学行政用房面积从14.4平方米提高至15.3平方米，生均教学科研仪器设备值从4863.3元提高至5760.3元，生均藏书量从77.0册提高至82.9册，具有硕士与博士学位的专任教师比例从47.8%增加至62.7%。一些有实力的民办高校购地自建校园，打造特色鲜明的一流教学环境闻名全国。如坐落在美丽的西子湖畔的西湖大学，以及湖光潋滟风景如画、被社会评为中国十大最美丽大学之一、河北省十大高颜值大学的河北美术学院。

第三，多层次、多样化的办学格局初步形成。2011年，教育部启动"服务国家特殊需求人才培养项目"试点，北京城市学院、黑龙江东方学院、吉林华桥外国语学院、西京学院、河北传媒学院5所民办高校获得首批实施专业学位研究生招生资格。自此，我国民办高等教育的办学层次包括硕士、本科、专科3个层次。从办学类型看，包括自学考试助学、普通全日制教育、业余制继续教育、成人教育、网络教育。众多高等教育机构承担着多样化的教育类型、办学形式和办学模式。据统计，这类高等教育机构目前有813所，各类注册学生75.56万人。从投资主体看，除独资外，股份制和国有资本、集体资本及非公有资本以多种形式举办混合制民办教育的办学模式不断发展，呈现多样化投资办学的格局。

第四，民办本科教育的社会满意度不断提高。2016年，来自全国48所民办本科院校的21858名在校生接受了中国高等教育满意度在线调查。结果显示，民办本科院校在学生学习效果、教学工作、专业与课程设置、管理和服务、教学条件保障以及教风和学风等方面都取得了显著的建设成就，学生总体满意度（"很满意""比较满意"比例）高达83.6%。其中，辅导员或班主任的工作态度和能力以及教师的师德师风得到学生的高度认可。教育部高等教育教学评估中心于2016年4月19日—6月6日组织实施了"民办本科院校用人单位满意度调查"，对2166家用人单位进行了在线调查，调查结果显示用人单位的总体满意度达87.5%。用人单位普遍认为民办本科院校毕业生具备扎实的专业知识、较好的团队协作和人际沟通能力，以及良好的职业道德、职业规范和社会责任意识。此外，一些民办本科院校也针对本校毕业生的用人单位开展调查走访。上海某学院对该校毕业生的就业单位调查结果显示，毕业生的"专业知识""实践能力""团队协作能力"等获得用人单位的高度赞誉。

（二）民办高校的贡献

第一，推动了高教体制改革创新。民办高等教育的诞生，打破了原有教育体制和教育格局，改变了经费来源单靠政府拨款、办学由国家包办的单一模式。调动社会力量投资兴办教育的积极性，建立和完善适应社会主义市场经济、充满生机活力的多元办学体制，形成了以政府办学为主体、全社会积极参与、公办高等教育与民办高等教育共同发展的格局。积极适应市场经济的需要，民办高校自觉运用市场思维办学，通过合理配置资源获取了较好的社会效益、经济效益和办学效益，也为公办院校在经济转轨时期适应社会发展和促进高等教育体制改革提供了新视角和有益的借鉴。

第二，促进了教育公平。教育公平是社会公平的起点和重要基础，是国家的基本教育政策，也是教育改革和发展的战略任务。着力于满足人民群众对高等教育日益增长的需求，民办高校将更多的社会资源引入高等教育领域，通过提供更多的学位、更多样的教育形式，增加了高等教育供给方式的选择性和灵活性，使数以万计的城乡青年得到了接受教育、选择学校、师资和学习内容的机会，为促进以人为本为核心的个性化培养和人的发展创造了条件。不仅对促进高等教育公平建设和谐社会做出了积极的贡献，同时也有效促进了高等教育大众化水平的不断提高。教育部公报显示，2016年高等教育毛入学率为42.7%，提前达到了《国家中长期教育改革和发展规划纲要（2010—2020年）》提出的"2020年我国高等教育毛入学率要达到40%"的目标。

第三，推动了社会经济发展。民办高等教育是公益性事业，又属于第三产业的范畴，具有公益性和产业性的双重属性。民办高等教育对经济的拉动作用，突出体现在吸引社会力量加大办学经费投入、收取学生学费用于消费支出和加强学校基础建设、土地征用、房屋建设、购置教学仪器设备、图书资料等方面。目前全国高校固定资产超过5000亿元，每年继续用于办学的投入约200亿元，教育消费每生每年按2万元计，约为1300亿元，对拉动国家经济建设和基础设施建设，促进交通、通讯、商业、饮食、旅游等，起到了很大的推动作用。民办高校多为地方高校，对当地经济建设和社会发展的影响尤其明显，一所民办高校带动一方经济发展的景象不乏其例。同时，民办高校将一大批高校毕业生纳入师资队伍中，对地方就业也做出了积极贡献。

第四，加强了国际合作。民办高等教育在发展过程中，有效利用其体制机制优势，积极吸引海外优质教育资源，借鉴国外先进教育思想、教育理念、优秀教材，并引进外籍师资。吸引一批国外高水平院校或者机构，举办多所中外合作学校，开展大量的多种形式的中外合作交流项目，形成了教师互派、学生互换、学分互认和学位互授、联授的新局面。民办高校开展国际教育交流，扩大了高等教育规模，促进了民办高校管理体制改革，提升了民办高等教育的国际影响力，培

养了一批具有国际视野、通晓国际教育发展规律的国际化人才和不同
行业急需的应用型人才。

三、我国民办高校发展取得显著成就的原因

民办高校能够在改革开放以后得到快速发展，并取得较大成就，
与经济的高速发展、国家法律政策的支持、举办者的教育情怀以及面
向社会面向市场办学的思维等密不可分。

（一）经济社会高速发展

十一届三中全会后，我国实行改革开放的基本国策，经济快速发
展。尤其是1992年以后，我国经济保持了两位数或接近两位数的高速
增长态势，人才需求急剧增加，社会主义市场经济成为中国特色社会
主义的发展引擎，使得配置多种多类资源用于发展民办高等教育事业
成为可能。既为民办高校发展注入了强劲的内生动力，也为收入不断
增加的社会成员缴费上学提供了经济基础，还为广大毕业生拓宽了就
业岗位。近年来，随着经济体制改革的不断全面深化，原有社会资源
的配置方式产生了裂变，使部分社会资源通过重组、合理配置和流动
转化为教育资源。民办高校没有国家投资，但具有选择不同属性资源
配置的灵活性。其中，非国有制资源所占比重日益加大，企业对民办
高校毕业生的需求也越来越大等，极大激发了投资者、办学者以及求
学者的积极性。

（二）国家法律政策的支持

追寻中国民办高校成长壮大的轨迹，民办高校每一次的发展都与
国家的政策密不可分。在20世纪80年代初期，公办高等教育的社会供

给严重不足。作为"拾遗补缺"的一部分，民办高等教育在改革开放的大背景下获得了事实上的认可，而它存在与发展的政策环境却不明朗，也不具备形式上的合法性。到20世纪80年代后期，随着改革开放的深入，市场经济的发展，民办高等教育开始被认为是我国高等教育的"组成部分"，成为"国家办学的补充"。但是在20世纪80年代，民办高校的办学层次还比较低，主要是以"助学"和"助考"的方式生存立足。进入20世纪90年代后，民办高等教育获得了较快的发展，不但民办高校的数量迅速增加，而且民办高校的办学层次也不断提升。1993年，我国开始在部分省市试点进行高等教育"国家学历文凭考试"工作。从实际情况看，高等教育"国家学历文凭考试"主要是由民办高等教育机构承担。以"试点"为契机，一些民办高校开始由非学历教育进入学历教育领域，民办高等教育的办学范围得以迅速扩大。

直到1999年《中华人民共和国高等教育法》《面向21世纪教育振兴行动计划》《关于深化教育改革全面推进素质教育的决定》等重要法规政策颁行后，民办高等教育才得到真正意义上的合法性地位。而《中华人民共和国民办教育促进法》的颁行，使民办高等教育的合法性得到进一步巩固，民办高等教育已经成为我国高等教育事业不可缺少的组成部分。

民办高等教育政策法律体系初步建立，对民办高等教育的规范健康发展起到了极大的推动作用。主要表现为：（1）以促进为宗旨，确立了发展民办高等教育的基本方针；（2）确立了民办高校与公办高校同等的法律地位；（3）明确了民办高等教育的性质；（4）明确了民办高校师生与公办高校师生同等的法律待遇；（5）明晰了民办高校举办者与学校之间的产权关系；（6）规定了发展民办高等教育的优惠措施与办法；（7）划分了政府的职责范围，规范了政府与民办高校之间的法律关系等。而2016年11月7日第十二届全国人大常委会颁布《关于修改〈中华人民共和国民办教育促进法〉》的决定，则明确提出了对民办学校实施分类管理制度，将民办学校区分为"营利性"和"非营利性"两类，在一定程度上基本厘清了民办学校的法律属性，进一步为促进民办教育的资本运作奠定了法律基础。由此，将带动更多的资本进入教育行业投资，为整个民办教育行业的快速发展提供资本助力。

（三）举办者的教育情怀

三十多年来，我国涌现出一批德才兼备、思维敏捷、具有创新和开拓精神的民办高教战线的带头人。他们不断研究民办高等教育的发展规律，不断创新工作思路，探索新的管理模式，锲而不舍、勤奋努力，克服许多难以想象的困难，在激烈的竞争中脱颖而出，实现了超常规、跨越式发展，创造了一个个办学的奇迹。其成功的做法，对全国民办高校起到了引领和示范效应。

（四）面向市场的办学思维

民办高校充分利用市场经济的竞争机制和市场意识，在尊重教育教学规律的同时，大胆采用市场化运作模式，并逐步形成了独特的民办高校办学模式。所开设的教学课程，高度重视教学中的实践环节。除基础课外，应用课程紧跟发展大势，适时做出必要调整；所开设的专业多以培养技能型、实用型人才为主，培养的学生动手能力较强。它们把培养"适应市场经济发展需要"的人才看作办校的生命线，与市场经济联系十分紧密，形成了相互依存、相互促进、共同发展的格局，毕业生就业率普遍较高。

第二章
建设有特色高水平民办高校的形势与任务

　　建设有特色高水平民办高校，是我国民办高校发展的具有重要历史意义的事件，对于满足人民群众日益增长的对教育"足量优质"的需求，实现高等教育大众化，提升我国高等教育综合实力，建设高等教育强国目标有重要意义。建设有特色高水平民办高校，是我国高等教育发展的必然要求，对民办高校的发展提供了难得的发展机遇，同时也带来了严峻的挑战。民办高校必须认真分析所面临的形势和任务，抢抓发展机遇，迎接面临的挑战，通过打造办学特色，提高发展水平，使自己成为代表民办高等教育发展方向的引领者，推动中国民办高等教育向更高水平方向发展。

一、建设有特色高水平民办高校的重要性与可行性

（一）建设有特色高水平民办高校的重要性

　　高水平大学聚集了一国或全球最优秀的教师和学生，毕业生在经济社会发展和科技创新中发挥着引领性的作用。全球公认的高水平大学有两类：一类是注重科学研究、通过发现和运用新知识服务社会的

研究型大学，如哈佛大学、耶鲁大学；另一类是以美国的文理学院为代表的，提供卓越本科教育的教学型大学，如威廉姆斯学院、阿默斯特学院。世界上大多数国家的高水平大学都是公办高校，但一些国家的私立高校却是高水平大学的代名词。尤其是高等教育独步全球的美国，排名前20的大学几乎都是私立高校。此外，日本、韩国有几所私立高校在世界上也具有很高知名度。

近些年来，我国高校在世界主要大学排行榜中的地位不断攀升。在美国新闻（U.S News）发布的"2016全球最佳大学排名"中，北京大学、清华大学和复旦大学分别位于第41、59和96位，其中清华大学在工程学科排名中全球第一。上海软科教育信息咨询有限公司发布的2017年世界大学学术排名展示，在全球领先的世界500所研究型大学中，清华大学首次进入世界前50，中国内地入榜的大学总数从2016年的41所增加至45所。不过，我国高等教育在取得巨大进步的同时，也依然与美国等高等教育强国之间存在一定的差距。从高水平大学的数量来看，在路透社发表的2017年度全球最具创新力的100所大学排行榜中，美国有50余所高校在列并独揽前四名；我国则只有清华大学、北京大学和浙江大学3所大学入围。美国高校在大部分学科领域的研究水平都高于我国高校。

相比之下，我国民办高校的差距尤为明显。在世界高校丛林中的踪迹姑且不论，即使在国内，目前也尚无一家能够与一流公办高校平起平坐的民办高校。尽管如此，民办高校一方面，通过开辟财政经费和民间经费两条建设高水平大学的渠道，满足了众多百姓高等教育的需求；另一方面，通过发挥"鲶鱼效应"促进民办高校和公办高校的良性竞争，提高了公办高校和民办高校的办学效率，对实现我国高等教育多样性和多元化，丰富我国高等教育生态有着特殊的不可替代的作用。无论从一个拥有13多亿人口、优质高等教育供给不足的强烈需求看；还是从奋力建设世界经济强国、科技强国、文化强国、教育强国、人才强国的内在要求看；抑或从全国高校占比近30%的民办高校，对促进中国高等教育改革、推动中国制造2025与产业转型升级、服务国家创新驱动战略的潜力看，建设有特色高水平民办高校的意义都非同寻常。

建设有特色高水平的民办高校，是解决现阶段不全面、不均衡的教育资源供给与经济社会发展的多元化需求，特别是与人民群众日益增长的对教育"足量优质"需求之间的矛盾，实现教育公平的一个重要途径。教育公平是社会公平的重要基础，是维系社会公平正义的坚实基石。教育公平属于社会公平的范畴，而社会公平历来是人们追求的理想。教育公平的实现，直接关系到社会公平的实现。社会公平包括政治公平、经济公平、文化公平、教育公平等，是一个综合性的概念。在社会公平中，教育公平无疑具有十分重要的地位。从某种意义上说，它既是社会公平的重要基础，又是社会公平的核心环节。改革开放以来，我国教育事业取得了举世瞩目的成就。国民受教育程度和科学文化素质大幅度提高，不仅为社会主义现代化建设战略目标的实现提供了有力的人才支持和智力保障，也为我国教育事业的发展奠定了坚实基础。然而，从总体上来看，现阶段不全面、不均衡的教育资源供给与经济社会发展的多元化需求，特别是与人民群众日益增长的对教育"足量优质"需求之间的矛盾，成为当前我国教育的主要矛盾。"人人上好学"，成为人民群众对教育公平日益强烈的呼声。随着人民群众文化素质的不断提高、平等意识的逐渐增强和参政议政热情的日益高涨，教育公平问题日益成为全社会普遍关注的焦点。原先靠扩规模、上专业、改校名、提规格，与公办高校具有很强同质性的民办高校如果不转型，走以质量提升为核心的内涵式发展路子，将难以为继。民办高校只有从有特色高水平聚焦发力，以提供个性化的教育服务、管理水平现代化、以质量与特色满足社会多元需求，才能有效回应人民群众对"更好的教育"关切，让13多亿人民享有更好更公平的教育。同时得到民间社会更广泛更有力的支持，促进自身可持续发展。

　　建设有特色高水平的民办高校，是提升我国高等教育综合实力和国际竞争力，建成社会主义现代化强国，实现从富起来到强起来的历史性跨越、实现中华民族伟大复兴的中国梦的重大战略举措。中华人民共和国成立以来特别是经过40年的改革开放，我国已经是世界第二大经济体、第一大货物贸易国、第二大服务贸易国、第二大对外投资国。国家发展改革委发布的《2016年中国大众创业万众创新发展报告》显示，2016年，中国一跃成为首个跻身全球创新25强的中高收入经济体，已经成为拉动世界经济增长的最大引擎。中国经济社会转型规模之大、速度之快，挑战之多元、复杂，历史罕见，全球罕见。创新人才的数量、质量和培养，国民素质的整体提升已成为我国经济社会实现可持续发展的最大瓶颈。要依靠全民总体素质和人才的数量、质量、创新意识和创新能力等方面走到世界前列，跨越全球化重重障碍，引领全球化进程，高等教育在建设人力资源强国中肩负着重要的使命。纵观当今世界，经济强国无一不是高等教育强国。美国以在世界上无可争议的一流大学地位称雄全球，与世界科学中心相伴而生，引领发展；日本、德国、英国、法国，世界强国无一不是站在教育基石之上才占据市场竞争的制高点。其中星光闪烁的民办高校在这些国家高等教育的格局中耀眼夺人。比如，美国西海岸的加州理工学院、斯坦福大学，东海岸的普林斯顿大学、哈佛大学、耶鲁大学，等等，正是这些超一流的私立大学，为美国社会科技的卓越提供了重要的保障支撑。高等教育的发展对一个国家的兴旺具有根本性和革命性的作用。今天，国与国的竞争更加激烈，经济、政治、文化和军事的角力无不蕴涵着教育的比拼。世界经验表明，当一国经济规模发展到一定程度时，教育质量的提升发展就会成为经济社会发展的迫切需要。实现中国梦，教育是基础，也是途径。提升教育质量是中国发展之基、兴国之道、强国之策。就我国现实情况看，目前的优质高等教育还远不能适应建设现代化强国的需要，远不能满足人民群众日益增长的美好生活需求，远不能体现中国应有的国际影响力。作为高等教育事业的重要组成部分，民办高校只有"发展具有中国特色、世界水平的现代教育"，走有特色高水平的办学之路，不断提升自身的品牌价值，与公办高校共生共长，形成和谐的高等教育生态，夯实优质高等教育的根基，我们的国家才会拥有强大的竞争力。

建设有特色高水平的民办高校，是跨越中等收入"陷阱"，主动适应把握引领经济发展新常态，加强教育和提升人力资本素质的内在要求。所谓"中等收入陷阱"，是指当一个国家的人均收入达到中等水平后，由于不能顺利实现经济发展方式的转变，导致经济增长动力不足，最终出现经济停滞的一种状态。国际经验表明，要实现由中等偏上收入国家向高收入国家的迈进，关键在于推进科技创新及其背后的驱动力量——人力资本积累。2016年，我国人均 GDP 已超过 8000 美元。与此同时，中国经济呈现出"整体转型升级"的本质特征：增长速度由高速向中高速转变；发展方式由规模速度型粗放增长向质量效率型集约增长转变；产业结构由中低端转向中高端；增长动力由要素驱动投资驱动向创新驱动转变。对此，习近平总书记在十八届中央政治局第九次集体学习时指出，"我国现代化涉及十几亿人，走全靠要素驱动的老路难以为继。物质资源必然越用越少，而科技和人才却会越用越多，因此我们必须及早转入创新驱动发展轨道，把科技创新潜力更好释放出来"。与之相适应，全社会对先进科技和高素质人才需求的日益增加，迫切需要数以千万计各种各样的高素质人才。高等教育，承载着建设新时代中国特色社会主义提高国民素质培育高层次人才的重要历史使命，靠现有的优质高等教育资源供给则捉襟见肘，迫切需要扩大多样化的优质教育服务供给。作为高等教育的重要组成部分，建设有特色高水平的民办高校势在必行。

　　建设有特色高水平的民办高校，是适应新时代中国特色社会主义的新需求，是建设高等教育强国实现高等教育大众化的必由之路。从2013年到2016年，我国对世界经济增长的平均贡献率达到30％以上，超过美国、欧元区国家和日本贡献率的总和，居世界第一位。与改革开放前的发展阶段有很大不同，与改革开放初的发展阶段有许多不同，与党的十八大以前的发展阶段也有明显不同，我们现在所处的发展阶段，是我国经济实力和综合国力大大发展和进步、提高了的阶段。与此同步共进，我国教育正渐渐走近世界教育的中心。2015年12月，《国家教育规划纲要》实施5周年效果评估显示，我国教育事业总体发展水平已进入世界中上行列。然而，我国虽是在学规模世界第一的高等教育大国，但还不是高等教育强国。按照党的十九大指出的到2035年基本实现现代化、从2035年到2049年建国一百年前后，建成富强、民主、文明、和谐、美丽的社会主义现代化强国的"两步走"目标，和中国特色社会主义事业"五位一体"的总体布局与"四个全面"战略布局。习近平总书记在十九大报告中明确指出："优先发展教育事业。建设教育强国是中华民族伟大复兴的基础工程，必须把教育事业放在优先位置，加快教育现代化，办好人民满意的教育。""加快一流大学和一流学科建设，实现高等教育内涵式发展。"站在新的历史起点上，以熔铸一流的大学文化、培养一流的拔尖人才、打造一流的师资团队、汇聚一流的学术科研、做出一流的社会贡献为办学目标，加快建设一批有特色高水平民办高校，扩大优质教育资源供给，将有效调动全社会办教育的积极性，吸引更多的社会资源进入高等教育领域，对我国拓展高等教育资源，加快推进高等教育大众化，促进高等教育公平，实现我国从教育大国到教育强国，从人力资源大国到人力资源强国加速迈进，确保中国教育在21世纪中叶"稳稳地立于世界教育的中心，引领世界教育发展的潮流"，意义重大。目前，我国接受高等教育总人口已达1.7亿，在学人数达3699万，高等教育整体实力达到世界中上水平，建设高等教育强国责任重大。

党的十八大以来，以习近平同志为核心的党中央以广阔的全球视野和卓越的战略远见，提出了"一带一路"倡议和京津冀协同发展、长江经济带建设区域协调发展战略。党的十九大强调，要"坚定实施科教兴国战略、人才强国战略、创新驱动发展战略、乡村振兴战略、区域协调发展战略、可持续发展战略"，秉持创新、协调、绿色、开放、共享的新发展理念，从"一带一路"倡议、京津冀协同发展和长江经济带建设实施突破。不仅为转型中的中国经济提供着强劲的"混合动力"，同时也为艰难复苏中的世界经济提供了"中国机遇"。走好这一影响世界的大棋局，需要大力发展教育先行军，中国的高等教育大有可为。产生与之相应的单独学科或专门领域的时机和条件均已逐渐成熟。其最终落脚点在于人才，没有高素质人才队伍，一切都会落空。人才的培养毫无疑问落在教育上，特别是高等教育上，这是高等教育的使命和责任，不仅要为中国，而且要为沿途国家提供人才、培养人才。这是高等教育发展的机遇，更是民办高校发展的机遇。

（二）建设有特色高水平民办高校的可行性

办出特色、办出高水平，旨在提升我国高等教育的竞争力，是高等教育贯彻落实新发展理念的基本要求，是按照高等教育发展规律和高等学校办学规律办学的重要体现，是提高高等教育和高等学校科学发展的根本方向。有特色高水平民办高校的提出，是我国民办高等教育发展到一定历史阶段的必然产物，与新时代中国特色社会主义高等教育多元化发展目标同向、高度契合。

教育现代化是一种世界现象、国际潮流、社会选择。当今之世，国家间的竞争已经发展到以知识资本和创新能力为核心的竞争时代，教育的先导支撑对一个国家的竞争力愈来愈重要，优质教育特别是优质高等教育已经成为实现现代化强国的一个决胜因子。经过多年努力，我国教育在普及水平和公平程度方面取得历史性突破。2016年，我国高等教育经费总投入超过1万亿元，财政性经费投入6000多亿元；我国内地共有24所高校进入英国QS世界大学排名500强。2017年10月24日《美国新闻与世界报道》网站发布的2018年全球大学排行榜显示，在涉及全球74个国家的1250所大学中，中国有136所大学上榜，仅次于美国的221所。其中，清华大学在计算机科学和工程学的排名中折桂，取代了麻省理工学院成为计算机科学最强学府。但就整体发展程度而言，我们目前尚处于国际中上水平，中国民办高校目前尚处于发展的初级阶段。无论是办学的层次、生源状况、财力状况、科研教学水平、社会服务水平，中国民办高校都还处于高等教育系统的低端位置，不仅与世界一流大学距离甚远，与国内优秀大学也落差明显。但这绝不意味着民办高校无所作为，在改革开放的大背景下，坚持高水平办学，追求内涵，聚焦特色，就完全可以实现后发先至。以韩国的私立高校浦项科技大学为例，从1986年成立到2010年跻身美国《时代周刊》的全球排名榜第28位，仅用了24年时间。其重要的经验就是，在"小而精"特色发展战略指导下，通过延聘世界一流师资、培养世界一流科学家、精选特色学科和确定重点领域、开拓多渠道经费来源以及"产学研"合作的技术创新模式等举措进行精深实践，成功实现了学校的迅速崛起。比之于浦项科技大学，我们有五千年中华文明和灿烂文化的积淀，有民间办学的深厚基础和民众广泛的社会关切，有日益健全完善的法律支撑，特别是有新时代中国特色社会主义的"核动力"，可谓土壤肥沃、水分充沛、空气清新、阳光明媚。我们现在比以往任何时候都更加接近高等教育的中国梦，也比以往任何时候都更有能力、更有条件建设有特色高水平民办高校。

建设有特色高水平民办高校是中国民办高等教育自身发展必然的价值诉求，是在中国特色社会主义制度下高等教育系统良好的竞争性生态环境的需求，同时也是中国民办高校与世界高等教育发展潮流接轨的必然趋势。《国家中长期教育改革和发展规划纲要（2010—2020）》明确提出：总体规划，分级支持，鼓励和支持不同类型的高水平大学和学科差别化发展。按照《国家中长期教育改革和发展规划纲要（2010—2020）》中"要形成公办教育与民办教育共同发展的格局，办好一批高水平民办高校"的展望，我国不仅要出现一批能达到或接近世界一流水平的公办大学，还要有一批有较强国际竞争力的民办高校。因为作为培养应用型高级人才的文化教育机构，民办高校同样肩负着培养适应经济全球化发展需要的国际型人才的重要责任。提高教育质量，为国家培养优秀人才，既是公办高等教育的生命线，更是民办高校的生命线。与我国经济由高速增长阶段转向高质量发展阶段同拍共步，民众对优质高等教育的需求从未如此强烈；和国与国之间高等教育竞争日趋激烈、市场细分要求愈来愈高相伴相生，唯有高质量高水平的大学才能"保生存，求发展"，民办高校更是如此。审视当今执世界高等教育之牛耳者美国，领跑在先的哈佛大学、斯坦福大学、麻省理工学院等一流名校，都是特色各异的私立大学。在1990年和1995年美国名牌大学排行榜中，前10名均为私立大学，前20名内私立大学分别占15和17所。对比发达国家，我国民办高校起步晚、相对落后，差距明显，但这也正是优势之所在。因历史短，负担也相对小，站在面向世界深度开放的国际舞台上，高点起步，借他山之石，实现跨越性发展绝非戏言。以2015年杭州市联合国内外相关企业创办的新型民办研究型大学——西湖大学为例，该大学借鉴美国加州理工大学的规模和斯坦福大学的办学理念，以培养复合型拔尖创新的博士生及硕士生为重点、兼顾本科生教育，独具小而精、高起点、研究型、聚焦科学技术等特质。在短短两年时间内，西湖大学已经聚集了从全球近2000位申请者中脱颖而出的26位青年专家学者，办起了由19名博士研究生入学的民办高水平科研教学机构——浙江西湖高等研究院（简称"西湖高研院"）。西湖大学的目标是经过10年努力，研究水平达到亚洲前3位，20年后达到全球前20位。目前西湖大学首批19名博士生已经入学。这个志在不太久远的将来跻身世界一流大学的民办高校令人期待。同时，2017年10月11日成立的阿里巴巴达摩院，计划三年时间投资1000亿元人民币，将聚焦数据智能、智联网、金融科技、人际自然交互等领域，吸引全球顶尖人才。这个具有大学性质的民办达摩院，同样令人期待。

建设有特色高水平民办高校，是实现高等教育国际化的必由之路、可行之策。从世界高等教育发展的趋势看，伴随着高等教育规模的扩大，大学数量迅速增加，大学之间的竞争日趋激烈。每一所大学都要在规模、类型、层次、体制以及学科专业结构、人才培养模式和服务面向等方面进行精确定位。目前中国已经成为世界第三、亚洲最大的留学目的地国。2016年，来华留学人员44.3万人，来自全球205个国家和地区。展望未来，中国将成为世界上人们更多向往的留学目的国，中国教育在规模方面的发展令人瞩目，今后的问题是如何解决教育质量，满足国内人民对优质教育需求的问题，进而才能吸引国外世界一流的生源来中国读书，实现国际影响力的扩大。

环顾全球，一个强起来的中国与世界的互动模式正发生深刻变化。一个日益强大的中国将为世界提供更多公共产品，并在与世界拥抱和联动的过程中更加积极有为。不管是推动"一带一路"建设，还是携手打造金砖国家合作第二个"金色十年"，中国进入新时代的发展潜力和光明前景，在给世界带来前所未有的互动和联动发展机遇的同时，也将给高等教育的发展注入强劲的动力。比如，深入推进"一带一路"，我们不仅需要勇于开拓、善于识别和防范金融潜在风险的国际型企业家人才，还需要具有国际经济金融等专业知识背景的人才；不仅需要了解计算机、通信技术、信息工程、电子信息、微电子、光信息科技、自动化等的信息化人才，还需要掌握和了解土木、交通建设标准、基建、海洋生物、太阳能、核电、高铁、输油等方面知识的人才；不仅需要市场开发、贸易、跨界电商、电子物流、国际采购等方面的人才，还需要文化政策、民族宗教、政治法律、民族资本等方面的复合型人才；不仅需要一般性的语言交流、翻译初级人才，还需要既能够进行语言交流、翻译又了解沿线国家政治、经济、文化、法律、政治等方面内容的人才；不仅需要基础设施建设和管理人才，还需要在贸易方面有防范意识的国际货代业务员、报检员等。民办高校只有在教育品质上不断超越自我，狠抓质量、办出特色，才能赢得良机赢得可持续发展的空间。

二、建设有特色高水平民办高校的机遇与挑战

改革开放以来，经过40年的发展，中国的民办高等教育从无到有、从小到大、从弱到强，表现出了顽强的生命力和旺盛的创造活力。民办高等教育有了长足的进步与发展，成为中国高等教育事业中不可或缺的重要组成部分。到目前为止，中国的民办高等教育在全国已经形成了有一定规模的多层次、多形式、多区域的民办高等教育体系。截至2018年5月31日，全国高等学校共计2914所，其中国家承认学历的民办高校共有735所。与之相伴，深层次、根本性的变革，助推着民办高校实现由量变到质变的关键一跃。

（一）建设有特色高水平民办高校任务的提出

经过多年的努力，我国在全球9个发展中人口大国中率先实现全民

教育目标，高校在世界多项大学排行中位次整体大幅前移，部分学科已达到或接近世界一流水平。据QS世界排名组织发布的数据显示，2017年，我国内地共有25所高校进入英国QS世界大学排名500强，上榜总数亚洲第一。我国高校总数2880所，高等教育规模仅次于美国。但总的来看，我国的优质高校并不够多，世界排名前200位居多的还是发达国家。目前到国外留学的中国留学生128万人中，很大一部分是因为在国内读大学"高不成低不就"，光学费每年就花费惊人，仅2014年中国留学生的境外消费就接近2000亿元。这充分反映出我国的优质教育供给不足。

高水平的优质教育，是富起来的人民群众追求更加美好生活的普遍期盼。改革开放40年来民办高校得以快速发展，社会地位和影响力显著提升，与我国高等教育资源供需失衡催生的民众对高等教育的"机会需求"息息相关。世界经验表明，人均GDP在8000美元左右时，消费结构将从生存型消费向发展型消费升级。2016年，我国人均GDP已经超过8800美元。随着我国经济社会持续发展，人民群众收入不断增长，整体消费能力持续提高，对优质高等教育的需要比以往任何时候都更加迫切，民众对高等教育的需求开始从"机会需求"向"质量需求"转变。以往主要以规模扩张和空间拓展为特征的外延式发展高等教育，已经无法满足富起来的人民群众对高水平优质教育的需求，必须转变成以全面提高高等教育质量为核心的内涵式发展。同时，我国正在进入高等教育普及化阶段。教育部的统计数据显示：2016年高等教育在学总规模3699万人，我国占世界高等教育总规模的比例达到20%，成为世界高等教育第一大国；高等教育毛入学率达到42.7%，提前实现《国家教育规划纲要》确定的40%目标。这意味着，中国高等教育已经进入到大众化后期，提高高等教育质量是现阶段发展的核心任务。与老百姓对优质高等教育的需求和建设高等教育强国同频共步，民办高校只有在有特色高水平上求发展，才能生存立足，活得更好。

　　从国际经验和国家比较看，以社会需求为导向，突出特色办学，是私立高校生存发展的命脉。坚持走研究型大学之路，哈佛大学聚焦的政治学、医学冠名世界，耶鲁大学锁定的法学和生物学称霸全球，斯坦福大学选择化学、物理和电子工程为重点持续发力，由二战前二流的地区性大学一跃成为世界一流大学。大量案例表明，"有特色高水平"是民办高校提升核心竞争力的关键所在。尤其是有着独特历史、独特文化、独特国情的中国，要在实现"两个一百年"奋斗目标的征程中切实发挥先导性的作用，别无选择地必须走自己的高等教育办学之路。没有特色，跟在他人后面亦步亦趋，依样画葫芦，是不可能办成功的。

　　目前，我们已进入新时代中国特色社会主义发展新阶段，开启从世界经济大国向世界经济强国迈进的新征程，奋力实现到2020年全面建成小康社会，到2049年建成富强民主文明和谐美丽的社会主义现代化国家的宏伟目标。在这一阶段，从经济增长方式看，支撑经济向中高端发展的主要力量是以人才为载体的知识经济；从发展结构看，这一支撑力量则来自高科技产业。人才在我国经济社会发展中，发挥着越来越重要的基础性支撑和引领作用。与新阶段新目标新任务对人才需求和全面提高国民素质的要求相适应，对高等教育发展的质量和水平提出了更高更新的要求，对具有创业和创新精神的高素质人才的渴求比以往任何时候都更加强烈。大批的高素质人才从哪里来？毋庸置疑，高等教育是社会经济发展所需要的高素质人才的主要来源和渠道。而要满足高素质人才的需求，仅靠现有公办高校的力量是远远不够的。大力发展民办高等教育、加快建设高水平民办大学，是补足高素质人才需求的必然选择。

　　那么，对"有特色高水平民办高校"应如何理解呢？置身于经济全球化的大背景，站在新时代中国特色社会主义发展新阶段的历史起点上，聚焦于实现中华民族伟大复兴的中国梦的伟大实践，习近平总书记在第二十九个教师节慰问信中提出的"中国特色、世界水平的现代教育"的论述，是对"有特色高水平"最精确的阐释。2014年5月4日，习近平总书记考察北京大学时强调："办好中国的世界一流大学，必须有中国特色。"2018年5月2日，习近平总书记再次考察北京大学时又突出强调："我们要在国家发展进程中办好高等教育，办出世界一流大学，首先要在体现中国特色上下功夫。"同时提出，"办出中国特色世界一流大学、培养社会主义合格建设者和接班人，要抓好三项基础性工作。""第一，坚持办学正确政治方向。""第二，建设高素质教师队伍。""第三，形成高水平人才培养体系。"与此高度契合，"有特色高水平"，应当是传承中华文化血脉、扎根中国大地、践行中国特色社会主义道路、服务国家发展的教育的"有特色高水平"；应当是赶超发达国家并将引领世界为人类做出更大贡献的"有特色高水平"；应当是满足现代社会发展和人民群众对优质高等教育的需求，培育具有新理念新知识新技能能够应对市场新挑战的各类人才的"有特色高水平"；应当是在发展战略、人才培养模式、专业设置、内部运行机制、校园文化建设等方面有鲜明特点，拥有优秀学生、学术精英、高端成果、国际声誉和一流服务的"有特色高水平"。建设"有特色高水平民办高校"，符合社会多样化的需求，是在新阶段引领民办高校发展的新航标。

（二）有特色高水平民办高校建设面临的机遇

第一，最大的机遇是，以党的十九大为标志，中国特色社会主义进入新时代。中国真正进入了一个走近世界舞台中央、为人类做出更大贡献的前所未有的伟大时代。关系到全局历史性变化的主要矛盾是人民日益增长的美好生活需要和不平衡不充分的发展之间的矛盾。站在新的历史起点上，向更高更强目标加速迈进，全面建设现代化强国成为发展的主旋律。中国将加快建设创新型国家，加快推动构建人类命运共同体，加快建设人才强国，培养担当民族复兴大任的时代新人，以引领型发展累积并打造我国的先发优势，增强我国经济创新力和竞争力。党的十九大把"加快一流大学和一流学科建设，实现高等教育内涵式发展"写入党的报告，为我国高等教育健康发展指明了方向，标志着我国高等教育将进入内涵式发展新阶段。伴随着新时代中国特色社会主义建设的强劲号角，我国高等教育正在成为中国持续发展、由大变强、全面腾飞的策源地和发动机，开始向世界教育强国冲击。我国经济已由高速增长阶段转向高质量发展阶段，引领创新驱动的"新引擎"将全速转动，提高全要素生产率，瞄准国际标准提高水平；促进我国产业迈向全球价值链中高端，培育若干世界级先进制造业集群；瞄准世界科技前沿，建设科技强国、质量强国、航天强国、网络强国、交通强国、数字中国、贸易强国、智慧社会，实现这些"高""强"的目标，关键靠创新，核心在人才，没有高素质的人才队伍，一切都会落空。人才的培养需要教育特别是高等教育提供有力支撑。努力打造一大批具有国际水平的战略科技人才、科技领军人才、青年科技人才和高水平创新团队，是高等教育的使命和责任之所在，也是有特色高水平民办高校发展的时代机遇。

第二，我国经济向高度、深度、广度加快拓展，将强力助推有特色高水平民办高校加快发展。当前，经济全球化、文化多样化、社会信息化深入发展，新一轮科技革命和产业变革蓄势待发，互联网、云计算、大数据、智能机器人、三维（3D）打印等现代技术深刻改变着人类的思维、生产、生活和学习方式，国际竞争日趋激烈，人才培养与争夺成为焦点。国家积极深化供给侧结构性改革，保持经济中高速增长，深入实施创新驱动发展战略，推进大众创业万众创新，建设"一带一路"，实施"中国制造2025"等战略，迫切需要加快培养各类紧缺人才。教育与经济社会发展的结合更加紧密，以学习者为中心，注重能力培养，促进人的全面发展，全民学习、终身学习、个性化学习的理念日益深入人心。新形势、新变化，需要的人才更加多元化，民办高校在满足人民群众选择性教育需求以及培养多元化人才方面大有作为。

第三，社会发展对人的知识能力不断提出新要求，是有特色高水平民办高校发展的动力源泉。"全面二孩"政策的实施，供给侧结构性改革加快等，催生更大的教育需求，高等教育的社会需求巨大。接受高等教育后所产生的就业机会的吸引力以及对个人生活质量所带来的积极影响，使得社会对优质高等教育需求正在日益增长，人们对接受优质高等教育愿望的增加使得对优质高等教育的需求持续上升。然而，我国优质高等教育发展整体水平还不能充分满足人们美好的愿望，不能适应国家提高综合实力与国际竞争力对高层次人力资源的迫切要求，不能适应全面建成小康社会和建设现代化强国的需要。作为实现我国高等教育大众化的重要力量，有特色高水平民办高校扮演着重要的角色。目前，尽管我国高等教育毛入学率已经达到了42.7%，但是仍然有大量的高中毕业生无法进入普通高校的大门，加上人民群众对于提高自身素质和适应市场竞争的迫切需求，为以学生为生存之本的有特色高水平民办高校提供了更为广阔的发展空间。

第四，国家与地方政府的大力支持，将为有特色高水平民办高校发展提供更坚强的保障支持。自2012年以来，我国财政性教育经费支出占国内生产总值比例连续5年超过4%；2017年国务院颁布的《国家教育事业发展"十三五"规划》再度明确，将教育作为各级政府财政支出重点领域给予优先保障，并具体规定"保证国家财政性教育经费支出占国内生产总值的比例一般不低于4%"。从制度与机制上明确优先保障公共教育经费投入法定增长，为提高人才培养质量提供充足的经费保障。国家与地方政府对民办高校的支持，主要表现在鼓励、促进民办教育发展政策的出台及有形与无形的资助两大方面。自2016年以来，从制定实施新《中华人民共和国民办教育促进法》，到颁布《国务院关于鼓励社会力量兴办教育促进民办教育健康发展的若干意见》（国发〔2016〕81号）、《民办学校分类登记实施细则》《营利性民办学校监督管理实施细则》，出台《关于加强民办学校党的建设工作的意见（试行）》，再到各省修订本省的《民办教育条例》，相继发布配套文件，各级政府都对促进民办教育持续、健康、有序发展提供了强有力的法律政策支撑。同时，政府在投入民办教育事业的资金、房地产折价等方面，也加大了力度。地方政府对民办高校用地的划拨，对民办高校名称的审批上，都给予了很大的支持。国家切实从行动上鼓励民办高校的发展，将为有特色高水平民办高校不断注入可持续发展的动力。

特别是，国家依法治教和民办高等教育体系建设的深入实施，将使民办高校的发展环境进一步优化；院校服务利益相关者的能力和水平显著提升，会使民办高校的地位明显提升；民办高校对经济、社会和人的发展作用充分发挥，使社会公众对民办高校的认同度提高等，都为有特色高水平民办高校的发展创设了良好条件。国家积极推进一流大学和一流学科建设，将大大推进民办高校的内涵式发展。民办高校将会以更新的面貌展现于世人：创新、协调、绿色、开放和共享的理念将引领民办高校发展，并使其成为融入终身学习的"第一阶段"教育；民办高校将会服务更加多样的人群和更加广泛的领域，成为多形式、多机制和多模式的高等教育典范；民办高校的竞争力、国际影响力会进一步显现，中国特色、世界水准的民办高校将脱颖而出。

（三）有特色高水平民办高校建设面临的挑战

在看到民办高校迎来发展机遇，憧憬有特色高水平民办大学美好前景的同时，我们也必须看到，无论是外部环境，还是民办高校自身，都还面临着一系列挑战。

一是优质高等教育供求关系正在从"买方市场"走向"卖方市场"。在新的历史起点上，高等教育基本矛盾呈现为人民日益增长的美好生活需要与当前教育"不平衡不充分的发展"的矛盾。当前，我国已基本解决了"有学上"的问题，但社会公众对"上好学"的需求日益增长。以2013年为例，全国915万名考生中只有10%可以上一本院校，"好大学"供给不足的问题凸显。又如，2015年山东有文理科85318名考生过了一本线，但因山东省一本线按招生计划1∶1.2比例划定，造成1.4万余名考生过了一本线却不能被一本高校录取。2016年河北共有42.31万人报名参加高考，而在河北投放的本科计划仅有212503人，近半考生得不到上本科的机会。中国约有1.4亿独生子女家庭，"望子成龙"的心理、片面的成才观让更多家长坚信"好大学才有好工作、好未来"，更加剧了优质教育资源严重不足的矛盾。创造公平而有质量的教育，高等教育特别是民办高校面临着严峻的挑战。

二是人口红利逐步消减的态势。目前，中国已经成为世界上老年人口最多的国家，也是人口老龄化发展速度最快的国家之一。据联合国统计，到21世纪中期，中国将有近5亿人口超过60岁，而这个数字将超过美国人口总数。随着老龄化增速加快、规模加大，以前充裕的劳动力供给逐渐递减；同时，人均国民收入的提增也推高了劳动力成本。依靠廉价劳动力和低附加值产业创造的"人口红利"将不复存在。统计显示，到2020年高等教育适龄人口数将比2008年的峰值人口减少30%左右。总人力资本作为衡量一个国家人力资源状况的关键指标，是指15~64岁人口与平均受教育年限的乘积。根据胡鞍钢等学者的测算，2010—2020年，中国15~64岁人口将从9.99亿人下降到9.96亿人，平均受教育年限将从9.9年上升至11年，总人力资本从98.96亿人年提高至109.56亿人年，该数值将是美国总人力资本的3.56倍，世界总人力资本的28.2%。显然，进入由高速增长阶段转向高质量发展新阶段，未来大幅提升我国人口的受教育水平，不仅是应对劳动人口总数下降的必然之举，也是建设人力资源强国的战略之举。另据上海教育科学研究院《中国教育现代化2030》课题组研究报告显示，从学龄人口变化情况看，2020年至2035年，中国高等教育阶段学龄人口将从1.1亿减少到7500万左右，进入退出比为68%，高等教育入学压力将明显减小。伴随中国高等教育培养能力和支撑服务能力的增长，高等教育的综合实力将持续增长。预计到2035年，高等教育毛入学率达到60%以上，每年将有900万~1000万名大学毕业生。届时，中国接受高等教育的人口规模将超过所有国家，位居世界第一。未来15~20年，中国教育综合实力将持续增强，实现从教育大国向教育强国、从人力资源大国向人力资源强国的战略转变；实现更高水平的普及教育、惠及全民的公平教育和更加丰富的优质教育，构建体系完备的终身教育，提前15年实现教育现代化，建成教育强国，为2050年建成社会主义现代化强国奠定坚实基础。建设新时代中国特色社会主义，要求我国加快实施创新驱动发展战略和人才强国战略，创造"人才红利"，依靠创新人才引领新兴产业发展。高等教育作为科技第一生产力和人才第一资源的重要结合点，使命艰巨、责无旁贷。

三是实施创新驱动战略对人才培养的新期望。人才规划预测，到2020年，我国在装备制造、生物技术、航空航天、生态环保等重点领域急需紧缺人才达500多万。而另一方面，大学培养的学生与经济社会脱节问题也比较突出。据某省对近年来高校旅游专业毕业生就业的跟踪调查，专业对口者寥寥无几。世界经济论坛报告指出，美国工程专业的毕业生中81%可以立刻胜任工作，印度为25%，而中国仅10%。这反映我国创新人才培养还不适应转型发展的需求。经济结构带来的产业结构变化，对高等职业教育专业布局、人才培养规格等都提出了新要求，对专业知识和职业技能更新的培训需求增加；企业对全球市场参与度的提高，要求有大批能够适应国际化生产和服务的技术技能型人才，对高等教育的国际化水平提出了更高要求；转型绿色增长模式将推动技术创新和应用，凸显"知识社会"中知识和技能的重要性，意味着社会和个体为获得新知识积极投资将日趋重要，民办高校经费来源会更广泛；中产阶级的扩大则意味着具备继续教育费用负担能力的人群增多，民办高校的潜在生源会变得更多，民办高校需要有所担当。

四是高等教育全球竞争的新挑战。2016年我国出国留学人员总数为54.45万人，较2012年增长14.49万人，增幅为36.26%，稳居全球留学生输出国首位，其中自费留学共49.82万人，占出国留学总人数的91.49%。2012年以来，自费留学的比重持续保持在92%左右。高中生出国攻读本科学历的占当年留学总数的30.56%，比2012年高出7.96个百分点。这一数据反映出，家长为从全球选择优质教育资源，不惜支付高额学费。留学投资使孩子的身份从在国内的单纯受教育者转变为教育消费者。留学生为美国经济贡献每年超过200亿美元，其中中国贡献其中近1/4，"留学经济"正成为美国、英国、澳大利亚等发达国家经济复苏的新亮点。

五是民办高校自身发展存在的问题和困难。一些院校办学理念不够清晰，定位不够准确，教学基本建设薄弱，专业设置趋同，教育教学质量不高，特色不够鲜明，办学实力不强，运营方式、课程与授课形式、评价形式等与发展有特色高水平的高等教育还不相适应。与公办高校相比，民办高校在校长培训、骨干教师培训、推进人才培养模式改革和加强教学建设等方面缺乏系统规划和有效措施。特别是，由于保障制度缺乏、工资待遇低、职业发展空间受限等原因，高素质教师补充困难，一些民办高校教师队伍极不稳定。专职教师比例严重偏低，仅占30%左右，师资结构、数量、质量、水平与民办高校的办学规模还不相称。民办高校鲜有国家精品课程、国家教学名师、优秀教学团队、重点专业，在每年教育部质量工程的评选获奖中，民办高校几乎难以染指。2016年民办高校招生181.83万人，比上年减少2.16万人，生源下滑将会给民办高校带来生存危机。在信息技术的强力推助下，传统大学与外界的界限将淡化，非传统的营利性民办高校将大量崛起，不同教育类型间的高等教育竞争会更为激烈。加强学科专业建设，提高人才培养质量的任务十分艰巨。面临高等教育包容性、多样性和灵活性的挑战，与提供优质高等教育服务相适应，民办高校的定位、办学模式、运营方式、课程与授课形式、评价形式等必须适时而变。

六是民办高校普遍面临经费筹措的难题。既要扩大办学规模、又要提高教育质量，多数民办高校存在筹资渠道窄、可利用资源少、债务负担重等困难，难以满足发展与建设急需的庞大资源和资金需求。发展初期，民办高校基本上是依靠较低的学费收入、低成本支出和开设容易启动的文科类、管理类专业滚动兴起，经费来源单一。随着经济的发展，少数学校凭借自身的资金投入，或通过银行贷款、建筑单位、教学设备设施供货方垫资、个人筹资、与企业联办等途径，加快校园建设，积极改善办学条件，从而使学校面貌迅速发生了根本性改变。比如，南昌理工学院、河北美术学院、河北传媒学院，现代化的教学设施，一流的教学服务，优美的育人环境，令人耳目一新。随着办学规模扩大，专业面拓宽，办学层次提升、教学设施更新以及教学质量的提高，今后民办高校的投入越来越大，依靠学费滚动积累举步维艰。而要进入资本市场加大投资，适应有特色高水平民办高校发展的需要，则需要冒更大的风险。有效地解决资源不足、债务负担重的问题，是民办高校发展面临的现实挑战。

七是影响民办教育发展的外部环境还没有从根本上得到改善。目前最突出的问题是民办学校的法律地位、法人属性、税费优惠、财政支持等，这些制约民办高等教育发展的政策"瓶颈"亟待破解。《中华人民共和国民办教育促进法》规定的一些对民办教育的优惠措施，如用地优惠、税收优惠、信贷优惠、资金扶持、表彰奖励等，许多都尚无明确具体的规定，操作执行起来难度很大，往往不能落到实处。对民办高校的政策性歧视仍不同程度存在。尽管《中华人民共和国民办教育促进法》规定民办高校应享受与公办高校同等的政策待遇，但由于缺乏细化规定，在实际落实中仍面临困难。目前来看，民办高校在招生、学科专业建设、教师职称评定等方面的自主权并未得到充分保障，尚未与公办高校享受同等待遇。虽然各省陆续发布了促进民办教育发展的实施意见，但总体来看突破性政策少，彼此相互观望的成分多。

三、国外私立高校（民办高校）快速发展的启示

美国、日本、韩国都拥有一大批世界著名的私立大学，其先进教育理念和办学模式，对于新形势下我国建设有特色高水平民办大学，探索适合我国国情的民办高等教育办学模式，具有借鉴意义。

（一）国外私立大学快速发展的成功经验

第一，政府提供法律和经费保障。美、日、韩三国私立高等教育的快速发展首先得益于各自有一套完善的私立教育法制体系，为其私立高等教育发展提供有力的财政支持。如美国，完备的法律保障有力地支持了私立大学的发展。其中，1819年《达特毛茅斯学院案》的裁决导致美国公、私立高等学校分野，表明政府对私立大学的认可；1965年《高等教育法》首次明确规定：联邦政府要向公、私立学校提供定期的全面资助。据统计，美国各级政府对私立高校拨款呈逐年上升趋势，2000—2001年政府资助达15062443200美元，占私立高等教育经费

总额的18.3%；2004—2005年，资助达21657125000美元，占私立高等教育经费总额的15.5%。又如日本，在1899年就公布了《私立学校令》。1947年，又出台了《教育基本法》和《学校教育法》，前者对私立学校为公共性教育机构做出了明确规定，后者则确立了监督机关对私立学校在设置、关闭、学则变更等方面的权限。1949年，又依托日本《宪法》《教育基本法》和《学校教育法》，出台了《私立学校法》，提出了尊重私立学校的自主性，实现经营主体的法人化和公费资助私学等立法目标。为便于《私立学校法》的执行和实施，1950年，日本又出台了《私立学校法施行令》和《私立学校法施行规则》。两年后的1952年，日本又出台了《学校振兴会法》。在法律上明确表示，私立学校是公共事业，保障教师的法律地位。为进一步支持私立教育的发展，1970年，又颁布了《私立学校振兴财团法》，1975年，日本又出台了《私立学校振兴援助法》，并于1976年颁布《私立学校振兴援助法施行令》。自1970年以来，日本政府投资10亿日元设立私学振兴财团，负责私立高校的经费资助和科研设施设备援助。财政拨款占私立高校总收入的比例连年增长，其中1980年为29.5%，达到顶点。1984年以后虽有所下降，但始终稳定保持在12%以上。由此推助日本成了世界教育强国。再如韩国，1963年6月通过《私立学校法》后，至今已修订了近20次，规定私立大学与公立大学享有同等法律地位，各级政府应对私立学校提供适当资助。对私立高等院校的立法着眼点也逐步从"限制"转变为"重视、扶持、监督"。政府颁布法律免除私立学校所得税和财产销售税并颁布了《私立学校教师退休实施法》，明确私立大学在高等教育中的重要地位，使私立高校的财产权、教职工地位有了法律保障。

第二，建立多元资金筹集渠道。拓展经费来源渠道，广泛吸收社会资金，是美、日、韩私立大学快速发展的另一个重要保障。美国私立高校建有多元化的资金来源渠道，为学校的稳定发展提供经费支撑。其经费来源主要包括学费、捐赠、三级政府拨款、学校创收（包括校办企业、校医院、社会服务所获收入等）。日本私立高校的经费来源包括经营创收、社会捐赠、企业资助科研项目等。以明治、早稻田、庆应义塾、上智和驹泽 5 所私立大学为例，2005 年度他们获得的校外捐赠占各自总经费的比例分别为 0.9%、4.9%、5.5%、0.9% 和 1.3%；学校的经营创收占各自总经费的比例分别为 9.1%、54.9%、10.4%、66.0% 和 11.3%。韩国政府大力提倡企业财团捐资办学，现代、大宇、三星等著名的大企业财团都与私立高校合作办学，提供大量资金支持，以培养企业所需人才。韩国浦项科技大学 2009 年获得科研经费约为 1.161 亿美元，其中来自政府的资助占全校科研经费收入的 67.87%。该校 2009 年的办学经费中社会捐赠占 29.9%，2010 年大约有 15% 的经费来源于校友积极捐赠。

第三，注重特色办学。坚持特色发展，走差异化道路，保持办学个性，是美、日、韩一流私立大学的共同特征。美国私立高校有几千所，各类私立高校选择的道路各异有别，如哈佛大学、耶鲁大学等传统私立名校，坚持的是走研究型大学之路；威廉姆斯学院等私立文理学院则是坚持走教学型大学之路，更注重本科生教育质量；大量社区学院多坚持面向社区培养各类实用技术人才。即使同是研究型大学，也是各有侧重，集中优势，错位发展，如哈佛大学的政治学、医学世界一流；耶鲁大学的法学和生物学世界顶尖；加州理工学院以航空工程学科特色见长；斯坦福大学选择化学、物理和电子工程为重点发展学科，由二战前二流的地区性大学一举跻身世界一流大学。日本每一所私立高校都有不同的办学理念和特色。早稻田大学以"造就模范国民"为办校方针；庆应义塾大学以实用的经济学为教学主体；玉川大学重视学生的全面发展，以"全人教育"著称。韩国政府从 20 世纪 70 年代开始实行大学特色化政策，支持私立高校通过选择不同路径保持办学特色。浦项科技大学坚持"小而精"的办学定位，在短短 20 多年里快速崛起，跻身世界前30名；庆熙大学走国际化办学之路，发展迅猛；蔚山大学推行"产学一体化"，为韩国现代集团提供了有力人才支撑。

第四，十分重视教育教学质量。美、日、韩三国的一流私立大学高度注重教育质量，主要措施如下。一是重视教师队伍建设。美国私立大学采用教师聘用制，有严格规范的教师遴选程序，禁止"近亲繁殖"，教师"非升即走"，即在一定年限内无法晋级将被解聘。日本采用教师自由流动体制，实行竞争和激励机制，吸引优秀人才加入教师队伍，利用兼职教师解决师资短缺问题，同时注重对教师的培训，重视继续教育。韩国浦项科技大学全职教师全部具有博士学位，而且大部分教师是从世界排名前100位大学获得的博士学位。二是采用先进的人才培养模式。美、日、韩三国的私立大学都坚持"以学生为中心"的理念，重视学生的全面发展和个性教育。课程资源十分丰富，强调文科、理科、工科的交叉和渗透，学生可以根据兴趣和能力随意选择。教学以小型讨论班为主，注重师生互动，教学氛围宽松。突出实践性教学环节，注重学生实践创新能力的培养，鼓励学生参与科学研究。三是建立严格的教育质量评估保障体系。美国实行"高等教育认证制度"，包括院校认证和专业认证，加强对教学质量的监督。日本私立高等教育外部评估主要由民间的大学基准协会和文部省来实施，包括"加盟判定审查"和"相互评估"等形式。韩国为提高大学质量，于1982年开始实施大学评价认定制，促进了教学质量的提升。

第五，治理结构规范有序。美、日、韩三国私立高等教育的治理结构规范有序。一方面，政府对私立高校的外部监管非常严格。其中，美国政府对私立高校管理控制最严的是财务，政府每年要检查学校的财务收支状况，非营利性私立高校每年要向税务部门和教育部门报告收支情况，发现有营利性问题即会受到处理；州政府立法审计员要对学校财务状况进行细致的最终审计。日本对私立高校的宏观管理主要依托文部科学省和相关咨询机构，通过财政资助和经济资助使私立高校朝政府要求的方向发展。韩国教育部为了提高私立大学的财政透明度，加强公益性，公布了《对私立大学的内外部监察方案》，进行财政监察，监察学校法人的财产状况、会计以及理事会运营的合法性。另一方面，私立高校内部也建立起科学的治理体系。美国私立高校内部管理系统由董事会、校长、教师大会、教授委员会等多方共同制衡。董事会是内部管理的最高权力机构，由政府人士、工商界权威人物、知名校友、教师或学生代表组成，广泛吸收校外人士参与决策，代表社会公共利益。教授委员会是学术领导组织，由二级学院院长、研究所所长、教授代表等组成，主要负责教学和科研，发挥教授治校的作用。日本私立大学内部最高权力层是学校法人，下设理事会、评议会、监事。理事会负责学校的经营管理，掌管学校的人事和财政大权；评议会是理事长的咨询机构；监事主要负责监督审查学校法人的财产状况。韩国私立高校理事会是最高政策审议机构，管理比较民主，教职工有权推举自己满意的校长。

（二）对我国建设有特色高水平民办大学的启示

他山之石，可以攻玉。虽然我国和美、日、韩三国的国情不同，但其办学的经验对我们办好有特色高水平民办大学有重要的借鉴意义。

第一，建立健全法律体系，加大资金扶持力度。美、日、韩三国私立高等教育发展实践表明，公共政策对于私立大学的影响是最直接、最易显现的，政策的支持力度往往决定着一段时间内私立大学的发展态势和趋向，越是私立大学发达的国家，其法律体系越健全，政府支持力度越大。目前，我国民办教育的法律体系还不够完善，许多条款不够细化难以操作。建设有特色高水平民办大学，要以2017年9月1日新《民办教育促进法》的施行为契机，强化优化民办高等教育的法制环境，对民办高校的身份属性、管理分类、产权归属、合理回报、会计制度、教师社会保障等问题，制定可操作、能落地的举措，真正保障民办高校、教师、学生与公办高校、教师、学生享有同等的法律地位。同时，各级政府要加大对民办高校的财政资助力度。当下我国民办高校经费来源主要依赖学费收入，社会捐赠氛围不浓，学校创收能力不强，迫切需要政府财政支持扩大资金来源。2016年，我国财政性教育经费已占 GDP 的4.22%，实现了历史性突破，许多公办高校的生均经费已达到13000元，民办高校的学费优势已不复存在。政府可借鉴美、日、韩三国注重发挥公共财政的资源配置作用，提高教育经费的使用效率，让有限的资金充分发挥作用的经验。一方面，可根据民办高校资产过户情况及办学规模给予普惠性生均经费，促进民办高校发展；另一方面，可按照"扶特扶优"的原则，根据民办高校优势学科及内涵建设情况，以绩效拨款、合同拨款的形式，给予竞争性专项拨款，重点扶持一批坚持公益性、有特色的民办高校做大、做强、做优。

第二，民办高校需认识到建设有特色高水平民办大学需要长期的积累与积淀。哈佛大学从河边的一所小学校到成为世界排名第一的私立大学，经历了300多年的奋斗；日本早稻田大学也经过了100多年的发展历程；发展最快的韩国浦项科技大学从1986年创办，虽然跨越发展，也走过了30多年的历史。从一流私立大学的发展实践来看，民办高校从创办到成为世界一流大学，需要长期的积累、积淀，需要历代师生逐步凝练，一般都经历了一个漫长的周期，才形成独特的风格。民办高校要建设有特色高水平民办大学一般需要经历三个阶段：第一个阶段是办一所合格的民办院校，基本要求是办学规范，教学质量有保障，坚持教育公益性；第二个阶段是培育办学特色，打造品牌，选择发展的重点，提升学校的知名度和影响力；第三个阶段是按照一流的标准，引进一流的师资，吸引一流的学生，创造一流的成果，培育一流的人才，向有特色高水平民办大学的目标迈进。必须认识到，创建有特色高水平民办大学绝非一日之功，不可一蹴而就，需要一代又一代民办高校人的不断努力。

第三，民办高校需强化内涵建设。美、日、韩三国私立大学之所以享有很高的社会知名度，就是因为其教学质量高，培养了一大批杰出人才。党的十九大明确提出要"实现高等教育内涵式发展"，这是建设有特色高水平民办高校最核心、最紧迫的任务。需从两方面用力。一是进一步加强师资队伍建设。目前，师资是制约我国民办高校发展的致命"短板"，一般民办高校的师资都呈现"两低一高"的趋势，即学历低、职称低、青年教师比例高，与公办高校相比差距非常明显。民办高校必须不遗余力地引进和培养学科带头人，千方百计稳定中青年骨干教师队伍，灵活机动引进"双师型"教师，建设一支数量充足、结构优良、业务精湛的教师队伍。二是深化教学改革。创新理论教学内容，促进教学内容综合化、课程结构模块化、专业教学特色化，强化实践教学，加强校内外实验实训场地建设，提高应用型、技能型人才培养质量。同时创新人才培养模式，针对人才培养过程中重灌输轻启发、重理论轻实践、重共性轻个性的弊端，民办高校应强化产学研合作，与企业、科研院所联合培养人才，提高学生的实践应用能力和就业创业能力。

第四，在打造特色上下功夫。特色是民办高校的生命和品牌标志，必须聚心聚力。一是细分市场，科学定位前提。始终瞄准市场对多层次、多规格、多样化人才的需求，结合办学历史、生源质量及师资现状，在不同层面提高质量，办出特色。以世界眼光、国际标准、自身优势定位类别，或应用型，或服务型，或教学型大学。二是凝练独特的办学理念，这是灵魂之所在。民办高校应树立以人为本的教育观和人人皆可成才的成才观，为学生提供满意的教育服务，提高学生满意度。三是打造特色学科，这是办学特色的核心。民办高校在学科建设上要坚持有所为有所不为，突出重点，集中力量，结合区域环境、历史文化和战略产业，寻找切入点，争取在学科交叉点、空白点上找到建设方向，着力打造特色学科和专业。四是发挥民营体制机制特色。民办高校机制灵活，市场反应灵敏，拥有较大办学自主权。在建设有特色高水平民办大学的过程中，可以引入竞争机制、优化分配机制、完善激励机制、激发办学活力，体现灵活高效的民营机制特色。五是打造国际办学特色。通过学分互认、师生互派、引入国际课程等模式，走国际化办学之路，提升民办高校国际化水平。

第五，加强内部管理。斯坦福大学荣誉校长杰拉德·卡斯帕尔教授指出："大学要成为成功的竞争者，需要可靠的经费，也需要有育孵实现长远目标的管理和治理结构，组织结构和管理运作的灵活性也许是大学进行变革的唯一机会。"我国民办高校要建成有特色高水平大学，必须强化内部管理，提高管理水平，构建现代大学制度，为学校发展提供组织保障。其中的关键是，建立明晰的法人治理结构，健全董（理）事会领导、行政执行和党委监督的分权制衡、三位一体的中国特色现代大学管理体系。一是民办高校要加强董（理）事会建设，提高决策的科学性，避免"家族式""专断式"管理，真正代表公共利益。董（理）事会主要负责制定学校发展规划、遴选校长、筹集办学经费等。《中华人民共和国民办教育促进法》以下简称《民办教育促进法》第二十条规定："民办学校应当设立学校理事会、董事会或者其他形式的决策机构并建立相应的监督机制。"民办学校的举办者根据学校章程规定的权限和程序参与学校的办学和管理。这是国家从法律层面对民办学校加强董（理）事会建设，所做出的明确要求。同时，第四十六条规定："县级以上各级人民政府可以采取购买服务、助学贷款、奖助学金和出租、转让闲置的国有资产等措施对民办学校予以扶持；对非营利性民办学校还可以采取政府补贴、基金奖励、捐资激励等扶持措施。"第四十七条规定："民办学校享受国家规定的税收优惠政策；其中，非营利性民办学校享受与公办学校同等的税收优惠政策。"重点对非营利性民办学校税收优惠及资金支持做出明确规定，可以看作办学经费方面的政策支持。二是加强校行政机构建设，实行董（理）事会领导下的校长负责制。校长是大学的灵魂，民办高校校长具有学者、教育家、社会活动家的三重身份，其治校方略直接关系到学校的发展。要遴选既懂高等教育规律又熟悉民办运作机制的人士担任校长，负责教育教学和行政管理工作，董（理）事会要保障校长独立自主办学的权利。三是借鉴美、日、韩三国对私立大学的财务监管举措，由政府委派的督导专员担任监事，负责监管学校财务，提高资金使用的透明度。《民办教育促进法》第三十八条规定："民办学校收取费用的项目和标准根据办学成本、市场需求等因素确定，向社会公示，并接受有关主管部门的监督。"非营利性民办学校收费的具体办法，由省、自治区、直辖市人民政府制定；营利性民办学校的收费标准，实行市场调节，由学校自主决定。"民办学校收取的费用应当主要用于教育教学活动、改善办学条件和保障教职工待遇。"《民办教育促进法》的规定与国家改革的目标相一致，民办学校收费逐渐实现市场化调节，但需要政府相关部门加强事中事后的监管。四是民办高校必须全面加强党的建设，把抓好党建工作作为办学治校的基本功，健全党委参与重大决策的机制，发挥党委的政治核心和保障监督作用。《民办教育促进法》第九条明确规定："民办学校中的中国共产党基层组织，按照中国共产党章程的规定开展党的活动，加强党的建设。"这是保障党的基层组织全覆盖的有利举措。国家支持学校董（理）事会和校长依法依章行使职权，开展工作，参与学校改革发展稳定和事关师生员工切身利益的重大事项决策，帮助学校健全章程和各项管理制度；突出坚持马克思主义指导地位，掌握党对意识形态工作的领导权、管理权、话语权，加强对青年教师，党外知识分子和大学生的思想引导，促使他们增强政治认同，增强政治敏锐性和政治鉴别力，坚定中国特色社会主义道路自信、理论自信、制度自信、文化自信；确保全面贯彻党的教育方针，落实立德树人根本任务的社会主义办学方向。

第三章

推进民办高校的特色建设

　　2010年7月29日颁布实施的《国家中长期教育改革与发展规划纲要（2010—2020年）》提出了"办出特色，办好一批高水平民办学校"的工作目标和定位。也就是说，高水平的民办高校首先是有特色的民办高校。在我国公办高校占绝对优势的庞大教育体系下，民办高校必须发挥自己的优势，以特色求发展，这是建设高水平民办高校的必由之路。民办高校的特色包括很多方面，诸如培养模式特色、学科专业特色、科学研究特色、管理机制特色、社会服务特色和办学环境、校园文化特色等，其中最重要的是体制特色、学科专业特色、人才培养特色、文化特色。民办高校要创新理念，找准定位，明确目标，精准发力，努力在治理体制、学科专业、人才培养、文化建设方面形成自己的特色，为建设高水平民办高校奠定坚实基础。

一、培育民办高校的治理特色

（一）治理体系特色是民办高校的最大特色

民办高校与公办高校一个最大不同是治理体系的不同。民办高校是由非政府机构或私人、或法人投资、捐资兴办并独立经营管理的民间组织，其资产具有私人所有的性质。民办高校的性质决定民办高校的治理结构与公办高校不同，采取的是以股东大会、董（理）事会、校长、监事会组成的治理结构。与公办高校相比，民办高校治理体制的不同体现在多个方面。第一，董（理）事会的作用不同。民办高校理事会或董事会是民办高校的最高决策机构，根据《中华人民共和国民办教育促进法》，民办高校理事会或者董事会行使聘任和解聘校长，修改学校章程和制定学校规章制度，制定发展规划，批准年度工作计划，筹集办学经费，审核预算、决算决定教职工的编制定额和工资标准；决定学校的分立、合并、终止，决定其他重大事项等七个方面的职权。公办高校也有成立董（理）事会的，但它的职权与民办高校董（理）事会完全不同。根据《普通高等学校理事会规程（试行）》（教育部37号令），公办高校理事会是"支持学校发展的咨询、协商、审议与监督机构"。换言之，公办高校的董（理）事会不是一级行政管理机构，而是由普通高等学校和其他企事业单位发起组建的松散的协作组织，它对学校的重大事务不起决策领导作用。第二，校长的作用不同。公办高校实行的是党委领导下校长负责制，校长的权力既要受到主管部门的限制，也要受到党委书记的制约，相当于一个无权选拔、淘汰运动员的教练员。民办高校实行董（理）事会领导下校长负责制，校长的权力看似受到董（理）事会的制约，但在学校班子组阁、中层干部任命上有相当大的权力。第三，与政府关系不同。公办高校财产的所有权、支配权和使用权都属于政府，政府设有的专门部门控制、管理学校，从校长任命、机构设置到教员编制，从课程设置、学位设立到招生名额，以及入学条件、学费标准等等，都由政府规定。民办高校由私人投资兴办，具有独立法人地位，其财产的所有权、支配权和使用权都属于学校，民办高校投入产出概念非常清晰，学校管理者的权力往往受资本的制约。在用人方面，民办高校具有高度的管理自主性，对教师的管理实行的是完全的聘任制。

民办高校治理体系特点决定了民办高校在体制上具有比较优势。一是管理者责任心较强。在民办高校的制度安排中，投资人和股东是学校的所有者，拿的是剩余收入并拥有对学校的最终控制权，其他成员拿的是合同收入，一般不拥有对学校的控制权。在这种制度安排下，学校经营若有闪失，其他人承担的是过失责任，股东承担的是剩余责任。就股东而言，意味着如果没有发现其他人有过失，责任都是自己的。因此，股东往往会对校长提出较高的管理、经营要求；校长也会尽心尽责以确保股东的利益。公办高校的管理者则做不到这样。公办高校由于政府出资，属国家所有，学校管理者不论拥有多大的权力，都不能遮掩其只是学校经营者，而非学校所有者的事实。公办高校受政府的控制和管理，但政府主管部门享有管理、控制学校的权力却不需承担剩余责任，自然也不会像民办高校股东那样对校长提出较高的管理、经营要求。二是学校办学自主性较强。民办高校是国家机构以外的社会组织或者个人，利用非国家财政性经费举办的高等教育机构，民办高校的办学资本，不是来自政府的财政拨款，而是来自社会组织经营资产或个人金融资产。民办高校作为与国家权力主体相分离的独立办学实体，相对于公立高校而言，其独立的法人实体和利益主体地位更能得到保证。民办高校与政府的关系较清晰，基本不会出现政府介入学校内部事务的现象，这就使得民办高校不仅具有较大的办学自主权，也具有更加强烈的主体意识。民办高校办学自主权和主体意识的确立，使得民办高校能够摆脱公办高校所受到的政府管理的各种条条框框约束，直接面向市场自主办学，并不断修正自己的发展目标，实行科学管理和有效经营。三是管理运行效率较高。民办高校校级层面的管理体制的基本形式是董（理）事会领导下的校长负责制。董（理）

事会作为学校的最高决策机构，决定学校的重大办学事务，校长由董（理）事会聘任，执行董（理）事会的决议，在董（理）事会领导下，负责学校的管理和经营工作。民办高校的这种领导体制，有效地将董（理）事长与校长的职权分开，董（理）事会负责筹资经营、选聘校长和监督检查等工作职能，校长则专心地全面负责学校的教学、科研、财务、人事和其他行政管理工作。这种体制的最大优点在于决策效率高、反应快，能对劳动力市场需求做出灵敏的反应，提高工作效率。

民办高校独特的治理体系体制，为民办高校科学配置教育资源和提高教育效益提供了有效的制度保证，也为民办高等教育的快速发展提供了强大动力。民办高校在改革开放40年来特别是近20年时间内迅速崛起，治理体系体制上的优势是一个重要原因。

（二）打造民办高校体制优势关键在于建立现代大学制度

现代大学制度是在大学逐步进入社会的中心后面对复杂的大学内外部关系和矛盾而形成的关于大学的制度安排。现代大学制度奠定于1810年洪堡主政下的柏林大学的学术与教学相结合的自由理念。按照洪堡的理解，大学应当是学者与学生共同探求真理的场所，所以不存在单纯的教学，也不存在单纯的科研，两者是合二为一的。洪堡还为柏林大学建立了"教学自由"和"学习自由"的基本原则。洪堡认为大学的主要职能不是传授知识，而是追求真理。在大学里面，学术研究、教师和学生学习都应当是自由的，教师的学术研究，教师的教学都是自由决定的，不应当受到外在的干扰。在柏林大学基于新人文主义教育理念，创造了一种研究与教学相结合的"学术社团型"大学制度之后，美国威斯康星大学进一步创造了一种面向市场和社会需求的"社会服务型"大学制度。这种大学制度经过与亚伯拉罕·弗莱克斯纳所说的"现代大学"、克拉克·科尔所称的"多元化巨型大学"、伯顿·克拉克定义的"创业型大学"等大学理念的冲突和融合之后，逐步演化为现代大学的基本制度，在现代大学的发展沿革中，围绕大学职责的认识在不断发展，大学制度形式也在不断发生变化，但现代大学的大学自治、学术自由、教授治校等基本思想没有改变，并被公认为现代大学制度的理想标准，成为现代大学的目标取向。

建立现代大学制度也是我国大学发展的内在要求和追求目标。改革开放以来，我国高等教育得到快速发展，特别是上世纪末以来，我国高校发展步伐进一步加快，在较短的时间内实现了数量和规模的快速扩张，并日渐成为经济社会发展的重要支撑力量。但高校数量和规模的快速扩张并未带来高等教育质量的同步提升，人们对高等教育质量不满的声音频频出现。2005年著名物理学家钱学森曾发出这样的感慨：回过头来看，这么多年培养的学生，还没有哪一个的学术成就，能跟民国时期培养的大师相比。钱学森认为："现在中国没有完全发展起来，一个重要原因是没有一所大学能够按照培养科学技术发明创造人才的模式去办学，没有自己独特的创新的东西，老是'冒'不出杰出人才。"这就是著名的"钱学森之问"。"钱学森之问"折射出我国教育制度、办学体制的诸多问题。解决"钱学森之问"呼唤我国高校建立起现代大学制度。经验表明，大学发展离不开大学制度的支撑。世界一流大学的主要是一种制度文明的产物，如果没有现代大学制度支撑，投资多少钱都没用。2010年7月，《国家中长期教育改革和发展规划纲要（2010—2020年）》明确提出中国特色现代大学制度的创建目标，强调"探索高等教育发展的中国规律，发展具有中国特色的高等教育的新模式"，"适应中国国情和时代要求，建设依法办学、自主管理、民主监督、社会参与的现代学校制度，构建政府、学校、社会之间新型关系"。2010年，国务院办公厅印发《关于开展国家教育体制改革试点的通知》（国办发〔2010〕48号），把建设现代大学制度作为国家教育体制改革试点重要任务，表明我国高校建立现代大学制度的探索被提到日程上。

　　大学制度作为关于大学管理或治理所形成的管理或治理框架、规则体系和制度安排，主要包括两大方面。一是宏观方面或者高等教育体制方面，主要涉及大学与政府的关系、大学与社会的关系；二是微观方面或者说大学自身层面，主要涉及大学的内部治理结构，其核心是大学内部的学术权力与行政权力的关系。就这两方面来讲，民办高校都具有得天独厚的优势。就大学与政府、社会的关系讲，现代大学应该是独立享有权益和履行责任的法人实体，是脱离国家权力主体的独立办学实体，是面向市场自主办学、自担风险、自负盈亏的教育机构。中国的大学长期以来被视为政府的附属机构，不是独立的法人，大学的发展方向、招生计划、专业设置、人财物保障等各个方面都受政府的控制和管理，大学缺乏办学的自主权，影响了办学的积极性。相对于公办高校而言，民办高校由于是独立享有权益和履行责任的法人实体，在大学与政府的关系、大学与社会的关系方面相对清晰合理。就大学的内部治理结构讲，在现代大学的组织结构中，举办者、决策者、管理者职责分明、各种机构各司其职、相互协同与制衡，保障学校的准确决策和治理秩序。民办高校实行董（理）事会领导下的校长负责制，建立了决策、执行、监督相互协调又制衡的运行机制。掌管决策权的董（理）事会，因为组成人员多元化，相关利益者相互监督、协同治理，有利于大学内部的行政权力、学术权力、政治权力、资本权力和民主权力的制衡与和谐，创设自主管理、自我约束、自助自立、自我发展的机制，进而达到民主管理与专家治校的理想目标。相对公办高校，民办高校法人治理结构更加明晰合理。因此，民办高校在建立现代大学制度方面具有比公办高校更有利的制度条件。

　　当然，民办高校在治理体系方面也存在不少问题。第一，校董合一。相当一部分民办高校的董事会为家族所垄断，人事、财务不公开，事实上陷入了"家族化经营"。第二，内部制衡和外部参与机制不健全。出资方的董事利用优势地位，左右学校决策，影响了决策的民主化和科学化。在公司法人治理结构中处于重要环节的监事会在民办高校的法人治理中被忽略。第三，董事会运行程序不规范。董事会虽名义上由出资者、办学者、社会贤达、合作单位等多方人士共同组成，但实际权力主要掌控在出资者手中，董事会的决策、议事职能流于形式。第四，内部监督不健全。党委的保障监督职能发挥得极其有限，学校中的工会、学生会等群众性组织建设及其维权职能异常薄弱和淡漠。很多民办高校董事会中几乎没有独立董事或教师代表参加。第五，学术委员会组织建设不健全，学术权力十分薄弱。民办高校体制上的问题，从另一方面说明了民办高校建立现代大学制度的必要性。

（三）民办高校建立现代大学制度的主要对策

民办高校建设有特色高水平大学，要充分发挥自己的体制优势，同时不断完善治理体系，争取率先建立起现代大学制度。

1. 完善董（理）事会制度

董（理）事会制度是高校法人治理的核心。董（理）事会制度是否健全，关系到民办高校现代大学制度的建立。为此，要完善（理）事会制度。一要完善董（理）事会成员的结构和比例。由多方代表构成的董（理）事会有利于保证决策的民主和教育公益目的的实现。借鉴国外高校董（理）事会构成的经验，我国民办高校董（理）事会要扩大成员范围，应注意吸收教师职工和社会人士代表进入董（理）事会。为了保证投资者的营利思维不会置于教育公益目的之上，相关法律必须强制性规定民办高校董（理）事会成员中教师职工和社会人士代表的比例不得低于1/3。根据《中华人民共和国民办教育促进法》要求，学校理事会或者董事会人员中，其中1/3以上的理事或董事应当具有5年以上教育教学经验。在民办高校所在城市，应将一些具有重要影响的企业吸收到董（理）事会中，以保障董（理）事会的决策能使学校的专业设置、课程安排和教学方法等与市场对接。应对董（理）事会的组成人数、产生办法、任期和任职资格、权力范围等做出详细规定，限制与理事或者董事有近亲属关系的人员担任董事或理事。二要建立健全董（理）事会议事章程，提高董（理）事会的决策能力。根据《民办教育促进法》规定，完善董（理）事会议事章程，规范运行程序，加强会议召开程序、议事程序和决策程序的规范性、严肃性、公开性和透明度。为保证董（理）事会决策的科学性，可以成立由不同领域专家组成的专家委员会，接受董（理）事会的决策咨询。应建立董（理）事会定期学习制度，加强决策调研工作，促进全体董事或理事掌握更多的咨询信息，增强分析问题和判断问题的能力，从而提高董（理）事会的整体科学决策水平。

2. 完善董（理）事会领导下的校长负责制

民办高校实行董（理）事会领导下的校长负责制，校长在民办高校法人治理结构中处于重要位置。由于法律对民办高校内部治理中校长与董（理）事长各自责任和权利尚未做出明确界定，导致董（理）事会在放权过程中缺乏依据和安全感，校长在管理中难以放开手脚。为此，应对民办高校的所有权和经营权分离方面从政策乃至法律上做出具体规定，明确董（理）事会、董（理）事长、校长的责、权、利。董（理）事会负责重大决策，校长负责教学和科研管理。明确各自的职权范围，既要保障董（理）事会的权利行使，又要明确校长的职责范围及其界限。董（理）事会的主要职能是政策治理、战略管理，组织管理则授权通过校长来实现，校长具体实施董（理）事会确定的战略与规划，体现统一指挥和权责一致的管理原则。董（理）事会有权决策，但无权直接干预民办高校的具体事务；校长可以对教学与行政事务进行管理，但不得越权对民办高校的发展做出决策。董（理）事会招聘校长，校长向董（理）事会负责。明确和细化校长选拔制度，强化对校长资历要求，逐步确立校长职业化制度。完善校长负责的行政运行机制，充分发挥大学校长在高水平大学建设中的重要作用。

3. 完善民办高校的监督机制

一是加强内部监督。民办高校要按规定设立监事会，构建以监事会为重点的内部监督机制。监事会除要保护股东利益外，更要保护利益相关者的利益，具体职责是：对学校法人的财产进行监察；对校长和其他管理人员执行业务的状况进行监察；对学校法人的财产状况及管理人员执行业务的状况进行监督检查，发现有不规范之处，应向主管机关或评议会报告，有关学校法人的财产状况及管理人员执行业务的状况，向董（理）事会陈述意见。为了便于监督，监事不得兼任董事（理事）或学校法人。通过完善教代会制度，推进学校民主管理。充分发挥学校党组织的作用，监督学校贯彻执行有关法律、法规、政策的情况。二是加强外部监督。政府部门应设立专门主管民办高校的机构，主要职责是：审批学校的设立、合并、解散、组织变更的申请；对民办学校违反法律规定时，违反主管机关基于法律规定制度的命令或严重背离教学规律时，可责令其暂时关闭；所辖主管机构发现学校法人有违反国家法律规定，不接受处分和逃避监督、违法经营、法人成员有重大不法行为时，有权解散学校的法人；民办学校要取得学位授予权，须经过有关主管部门的审查和批准。应建立相应的教学检查机制，并将学校其他事务的审查纳入相应管理机构的职权范围。

4. 完善利益相关者的共治机制

发挥董（理）事会领导权力、校长行政权力、党委政治权力、专家学术权力、教代会民主权力的作用，形成五种权力各司其职、相互合作的机制。党委要履行组织规定的职责，监督、引导学校的办学方向、办学行为和办学质量，参与学校发展规划、人事安排、财产财务管理、基本建设、招生、收费等重大事项的研究讨论。全面落实教代会的各项职权，提高教代会作为高校民主管理基本形式的实效性。建立教（职）代会对校园管理决策的参与机制，完善学生及家长、校友、社会公众参与指导学校事务等制度。突出学生主体地位，保障学生民主权利，提升大学生在高校民主管理中的参与度。应加强学校学术委员会、学位委员会等组织建设，发挥学术权力的作用。发挥专家委员会的群体效能，规范各委员会的章程、职能和权力，建立权威教授负责、平等协商的组织模式。明确行政权力的定位与边界，明晰作为学术权力重要表达渠道的学术委员会的地位、职责和人员构成，确保其成员在学术事务中拥有独立的发言权、决策权和监督权，避免行政权力对学术权力的僭越。在制度层面建立起行政权力与学术权力分工明确、相互协调和制约的管理机制，构建行政权力与学术权力和谐共生的发展机制。

二、培育民办高校的人才培养特色

（一）民办高校形成的人才培养模式的特色和优势

学校的中心任务是人才培养，任何特色最终都是人才培养模式的特色。民办高校的特色发展，如果不体现在其所培养人才的知识结构和能力结构上，就是一句空话。人才培养模式特色是凸显和强化民办高校比较优势、形成和发挥"特色竞争力"的重要途径。

我国高校在人才培养方面，历来秉持重"学"轻"术"的办学理念，管理是以学科为中心，并以其为主线来构建专业培养方案，强调专业的"专""深""尖"，形成了适应专才教育的培养模式。在这种培养模式下，教师更多地关注自己的学科和自己的科研项目，而对学生，往往只关心如何完整系统地传授学科的知识，对学生的整体素质的提高关注较少。这种人才培养模式与现代社会对人才呈现出多规格、多类型、多层次的需求态势不相适应。随着社会主义市场经济体制的建立、深化和完善，适应市场经济发展，引入市场机制，成为高等教育事业发展的必然趋势。事实上，改革开放以来，我国高校都在积极引入市场机制，在用人制度、毕业生就业、后勤管理等方面进行了很多市场化的改革。特别是民办高校的出现，更是对高校传统人才培养模式的根本性变革。

民办高校是社会组织或私人投资兴办的非公办教育机构，在很大程度上不受教育行政体制约束，在办学上有很大的自主权，包括自主地确立办学宗旨、人才培养、专业设置、教师聘任以及使用经费等。民办高校的自主经营、自负盈亏、自我发展、自我约束的市场经营主体的地位，决定其必然选择教育与市场挂钩的办学模式，将人才培养的目标定位在社会需求上，面向社会需要求生存、求发展。事实上，民办高校从办学投入到毕业生输出的全过程、全方位都是采用市场机制的。在人才培养目标上，民办高校突出"复合型""应用型"人才培养，结合企业一岗多能的要求，坚持融传授知识、培养能力和提高素质为一体的原则，以"合格加特长"的应用型和技术型毕业生的要求，来确定培养方案的主线。在办学理念上，民办高校面向区域经济社会需要开展社会服务工作，以人才优势带动区域经济社会发展，通过培养针对性强的专门人才支撑行业企业发展，结合地方产业和行业需求开展应用型研究，以"地方性"的专业设置实现与当地产业行业结构接轨。在招生和就业上，民办高校从一开始就是瞄准市场，按社会需求办学，根据生源市场及时调整招生对象和招生政策。在人才培养方式上，民办高校以"紧密型"校企融合践行共赢互惠互利原则，以"双师型"师资队伍加强实践教学指导，突出学生动手能力；以各自不同的办学风格争创优质品牌，将教学改革的实践性深入到实际办学中，提升民办高校学生的就业率。在用人制度上，民办高校采取灵活的用人制度和工资制度，使民办高校能快捷地适应人才市场供给和劳动力市场供给的新变化。在管理方式上，民办高校以更加灵活并科学高效的方式加强运营和管理，以开放的姿态多渠道筹措资金、开发教育资源，在加强国际交流中探索国际化的发展方向。虽然民办高校在办学规模、年度招生等很多方面也接受国家计划的宏观调控和政府的指导，但民办高校具有很大的办学自主权，能根据市场的需要、社会的变化、学生的特点以及学校自身实际来组织教学、实施管理。总之，民办高校采取的是与公办高校有很大不同的教育与市场挂钩的人才培养模式。

民办高校的教育与市场挂钩的人才培养模式，是推动民办高校快速发展的一个重要原因。改革开放以来，民办高校以市场需求促发展，在人才培养方面取得很大成绩。表现为适应社会发展的需要，培养了一大批社会急需的经济类、管理类、商业类和外语类、计算机类人才；以职业技术教育为主，培养了一大批以专、本科为主的面向社会的高层次的应用型人才。在众多的民办高校中，出现了一批面向市场、面向企业，在不同领域办出较高水平和特色的民办高校。面对社会对人才呈现出多规格、多类型、多层次的需求和高等教育激烈竞争的形势，民办高校要持续健康地发展下去，就必须充分利用自身灵活的办学优势，坚持和优化教育与市场挂钩的人才培养模式，不断适应市场的需求，打造人才培养模式新的竞争优势。

（二）民办高校优化人才培养模式面临的机遇和挑战

适应市场需要，加强应用型人才培养，是民办高校优化人才培养模式的必然选择，亦是民办高校特色化发展的重要内容。民办高校打造应用型人才培养的特色和优势，面临着难得的机遇。

首先，我国经济转型发展需要大量应用型人才。中国特色社会主义进入新时代，我国经济已由高速增长阶段转向高质量发展阶段。党的十九大提出了我国经济发展的任务——转变发展方式、优化经济结构、转换增长动力。加快发展先进制造业，推动实体经济发展，提高供给体系质量，推动互联网、大数据、人工智能和实体经济深度融合，在中高端消费、创新引领、绿色低碳、共享经济、现代供应链、人力资本服务等领域培育新增长点、形成新动能。支持传统产业优化升级，加快发展现代服务业，促进我国产业迈向全球价值链中高端。深化科技体制改革，建立以企业为主体、市场为导向、产学研深度融合的技术创新体系，加强对中小企业创新的支持，促进科技成果转化，等等，完成经济建设的这些任务，需要高等教育向现代生产服务一线提供大量既能够掌握现代科学技术，又能够接受系统技能训练的应用型、复合型、创新型人才，特别是产业链高端的技术技能人才。然而，目前我国高校人才培养的现状仍存在一些问题。一方面，高校毕业生面临很大就业压力。按照国际统一口径，目前我国高等教育毛入学率已经达到26%，即18~22岁年龄段的青年在接受各类大学教育的比例达到26%，进入大众化阶段，2020年毛入学率将达到40%。大学生就业难成为社会高度关注的问题。另一方面，许多企业找不到生产服务一线的高素质技术技能型人才，在一些行业，高素质技能型人才严重稀缺。例如，在电子信息产业中，目前技师、高级技师占技术工人比例仅为3.2%，而发达国家一般在20%~40%之间。这种现象产生的一个重要原因是高校培养的人才与社会需求相脱节。按照社会需求，大学应该分为研究型、应用技术型和其他类型，不能都是研究型大学。然而在现实中，社会需求和大学定位之间存在巨大反差，地方高校普遍存在追求"高大上"的冲动，都想成为研究型或者教学研究型大学，而对应用型大学则不屑一顾。诚然，研究型人才对国家非常重要，但社会发展需求量更多的是应用技术类人才。为此，高等教育必须改变单一发展模式，要把培养千千万万的面向现代生产、管理、服务一线的高素质职业人才作为自己的主要任务，以适应我国经济转型发展的需要。经济转型发展对应用型人才培养的诉求，为民办高校培育应用型人才培养特色和优势提供难得机遇。

其次，应用型人才培养已成为我国高等教育的重大战略。我国高等教育经过扩招，实现了从精英化向大众化教育的转变，为此，我国已经建成了世界上最大规模的高等教育体系。截至2018年5月，我国共有高校2914所，其中国家承认学历的民办高校共有735所。由于受传统办学思路和教育模式的影响，我国高等教育发展存在严重的单一化问题。即研究型大学和学术型大学偏多，应用型大学偏少，高校的专业性、技术性、应用性不强。从世界范围来讲，研究型大学主要从事知识生产，奉献社会，即所谓"知识贡献"，这类大学大约占全世界大学总数的1%~3%；创新型大学或应用型大学，主要从事知识创新，即知识的传播、应用、开发、处理、培训和社会服务，这类大学占世界大学总数95%乃至95%以上。目前世界上很多国家的高校都分研究型、应用型两类。比如，德国现有应用技术型大学100多所，在校生占德国大学生的1/3左右。而我国定位为研究型高校的本科高校竟多达800多所，这既与我国高校实际相脱节，也有悖于高等教育的发展规律。我国高校必须从单一的精英教育走向大众教育和普及教育，将一部分高校转变为应用型高校。《国家中长期教育改革和发展规划纲要（2010—2020年）》明确提出，要建立高等教育分类管理体系，要加快建设现代职业教育体系，重点扩大应用型、复合型、技能型人才培养规模。明确提出要以人才培养为核心整体推进教育改革，"重点扩大应用型、复合型、技能型人才培养规模，促进高校办出特色"，突出强调要面向全体学生，着力提高学生服务国家人民的社会责任感、勇于探索的创新精神和善于解决问题的实践能力。实行"学思结合、知行统一、因材施教"的培养模式，不仅基础教育应避免"千篇一律"的人才培养模式，大学更要在多样化培养模式上下功夫、形成特色，为培养创新人才做贡献。2015年11月，教育部、发展改革委、财政部印发《关于引导部分地方普通本科高校向应用型转变的指导意见》，提出了四个方面22项措施，引导地方本科高校向培养应用型、技术技能型人才转型发展。目前已有约200所高校启动了试点工作。国家把应用型人才培养上升为国家教育改革的重大战略，对民办高校保持和发挥应用型人才培养优势具有重要的推动作用。

第三，国家期待民办高校在应用型人才培养方面发挥更大作用。民办高校作为我国高等教育的重要组成部分，民办高等学校作为高等教育体制机制改革的先锋，其体制机制有助于促进我国高等教育在办学投入体制、学校领导体制、学校用人制度、人才培养体系以及质量保障体系等诸多方面的改革，对"形成与社会主义市场经济体制和全面建成小康社会相适应的充满活力、富有效率、更加开放、有利于科学发展的教育体制机制"有重要作用。国家对民办高校教育改革给予了充分肯定，同时也提出了更高要求。2004年国务院批转的教育部《2003—2007年教育振兴行动计划》指出，民办高校要"实行多样、灵活、开放的人才培养模式，把教育、教学与生产实践、社会服务、技术推广结合起来，加强实践教学和就业能力的培养。加强与行业、企业、科研与技术推广单位的合作，推广'订单式''模块式'培养模式；探讨针对岗位所需要的以能力为本位的教学模式；面向市场，不断开发新专业，改革课程设置，调整教学内容"。《国家中长期改革与发展规划纲要（2010—2020年）》也指出，要"支持民办学校创新体制机制和育人模式，提高质量，办出特色，办好一批高水平民办学校"。2010年，国务院办公厅发布《关于开展国家教育体制改革试点的通知》（国办发〔2010〕48号），把"改善民办教育发展环境，深化办学体制改革"作为一项重点任务提出。根据国务院办公厅《关于开展国家教育体制改革试点的通知》，2010年教育部公布了重点领域综合改革试点地区，把浙江省为民办教育综合改革试点地区。提出的任务是：清理并纠正对民办学校的各类歧视政策。完善促进民办教育发展的优惠政策，健全公共财政对民办教育的扶持政策，促进社会力量多种形式兴办教育。积极探索营利性和非营利性民办学校分类管理。保障民办学校办学自主权。完善民办学校法人治理结构，加强财务、会计和资产管理。支持民办学校创新体制机制和育人模式，提高质量，办出特色。在上述对民办高校改革的要求中，人才培养方面始终是一个重要内容，表明国家对民办高校人才培养改革的重视和对民办高校在推进高校应用型人才培养改革中发挥作用的期待。

从上可见，民办高校发挥培养应用型人才特色和优势确实存在有利机遇，但能否抓住机遇顺势而上，对民办高校是一个考验。但从实际来看，民办高校人才培养方面的优势存在弱化的趋势。一方面，公办高校适应应用型人才培养的需要，正在把人才培养重点转到应用人才培养上。根据国家建设应用型人才大学规划，将有600多所地方本科高校向应用技术、职业教育类型转变。对于这些高校，国家将在政策方面给予大力支持，这对民办高校人才培养模式无疑是一大挑战。另一方面，民办高校在近40年的发展中，虽然不断地探索适合自身的改革发展路径，但受传统公办本科高校的影响，一些民办高校有意无意向传统的学术性本科高校看齐，在办学思路、培养目标、人才培养方案和课程设置、教学方法等方面或多或少地存在照搬、照套公办本科学校的做法。同时，受传统评价标准影响，民办本科高校在转型发展中因循守旧，等待观望的情绪，追求政绩、急功近利的思想和应试教学、讲排名、盲目追求考研率的做法，对民办高校造成了办学思想上的困惑和干扰。不少民办高校存在专业设置相同、培养方案雷同，办学特色不明显的问题。为此，民办高校必须面向社会实际需求精准定位，适应经济转型与产业结构调整进行变革，尽快走出办学定位摇摆不定或攀高趋同误区，成为培养应用型人才的中坚力量。否则，民办高校就可能会在应用型人才培养的竞争中失去自己的优势和特色。

（三）民办高校强化应用型人才培养特色和优势的对策

1. 正确认识应用型人才培养与建设有特色高水平民办高校的关系

强化应用人才培养特色优势，应正确认识建设高水平大学与应用型人才培养的关系。一是职业教育与本科教育的关系。民办高校的培养目标是高层次技术型应用型人才，因此，其课程结构设计应体现职业教育特色。由于受传统教育观念影响，一些民办高校把职业教育看成"低档次""低层次"，认为职业教育应该是中专、高职做的事，本科院校搞职业教育是自贬身价。这种认识是不对的。现代职业教育是个完整的体系，是在高等教育领域内，从中职、专科、本科到专业学位研究生各个层次的应用型人才培养体系，只要是应用型人才培养，就有职业教育。二是鼓励考研与培养应用型人才的关系。民办高校培养高素质应用型人才是从总体上讲的，并不排除民办高校在校生中一部分人继续深造攻读硕士甚至博士研究生，学校对这些学生应该鼓励，为他们提供必要的学习平台和条件。但鼓励学生读研究生与民办高校培养应用型人才的目标定位并不矛盾，应用型人才不等于低学历低水平人才，相反，考上研究生的学生越多，越有利于扩大民办高校的影响，促进民办高校应用型人才的培养。三是研究生教育与应用型人才培养的关系。民办本科高校为了提高学校办学层次，都在积极申报研究生教育，这与民办高校应用型人才培养到位也不矛盾。因为专业硕士、博士教育作为现代职业教育体系的组成部分，处于现代职业教育体系的顶端，是现代职业教育体系中更高层次的教育，是民办高校建设一流应用型高校的必然要求和基本条件。申报研究生教育，不是要改变民办高校应用型人才培养的目标定位，而是要更好地实现这个目标定位。民办高校要在专业建设取得成效和办出特色的基础上，积极争取专业硕士、博士研究生教育，提高民办高校办学层次。

2. 实现以发展智力为中心向全面提高综合素质转变

民办高校人才培养的目标定位是应用型人才培养，应用型人才培养，主要是指理论应用和实践能力的培养。但由于受传统高等教育影响，一些民办高校在发展中有意无意地效仿公办高校，在办学思路、培养目标、人才培养方案和课程设置、教学方法等方面照搬公办学校，以向学生传授知识、发展学生智力为中心，以继承书本知识为根本目的，并将传授知识渗透到教育教学的各个方面，包括教学思想、教学内容、教学方法、课程体系、评价标准、考试制度等。要求学生死记硬背老师讲授的知识，并以考试分数作为衡量一个学生优劣的主要标准甚至唯一标准。这种重智力教育忽视创新创业教育的育人模式，束缚了学生理论应用和实践能力的全面提高，抑制了学生自主发展及自我创新创业能力的提高，培养出来的学生理论应用能力、社会实践能力低下，综合素质不高，社会责任感不强。民办高校应当摆脱传统人才培养模式影响，由单纯发展智力为中心向提高学生综合素质转变，由"知识复制型人才"培养向"能力复合型人才"培养转变。为此，应紧密对接产业行业企业岗位的技术标准和职业要求，建立人才能力结构体系，明确符合实际需要的专业人才培养目标。突出学生专业实践能力的培养，引进行业产业企业的技术技能和岗位技能模块，推动人才培养模式从重理论学习向重实际应用的转变。突出地方社会需求，围绕提高学生的创新创业能力、实践能力、应用能力、动手能力进行教学改革。推进专业知识与创新创业就业教育相结合，培养和开发学生创新思维和创业精神，提高学生运用所学专业知识解决实际问题的能力。

3. 推进专业设置、课程结构和教学环节的改革

一是专业设置突出"针对性"。适应经济新常态、"互联网+"、供给侧改革、转型升级的需要，民办高校应根据地方社会经济发展的实际进行专业调整。凡符合国家产业布局和结构调整方向、符合地方经济社会发展需要的专业就设置、就扩展，不符合的就压缩、就删减。紧密结合本地区经济社会发展实际，设置符合市场需要的特色专业，培养出适销对路的人才。二是课程结构突出"高职性"。民办高校的培养目标是培养高等技术应用型人才，在课程结构设计上应体现"高职性"的特色。具体地说，应打破学科体系的界限，按照技术应用能力、职业素质培养为主线设置课程和精选内容；基础理论课程及内容要以应用为目的，以必须够用为度，专业课要加强针对性和实用性，实践课程要形成相对独立的体系，在教学计划中占有较大的比重；打破学科束缚，按照综合化思路进行重组和整合，在教学内容上实现人文科学、自然科学和技术科学的有机结合。三是教学环节突出实践性。民办高校主流是培养操作型、技艺型和适应第一线的高级管理人才，学生不仅要懂得理论知识，而且动手操作能力要强，做到一毕业就能上岗。为此，应把强化学生的技能训练放在极其重要的位置上，突出实践教学的作用。培养方案应本着明确就业方向、精简专业课程、加强实践能力培养的原则，采用多样化的课程设置模式，加大实验教学学时比例、增加综合性设计性实验、将职业技能培训课程纳入教学计划，提高学生的动手能力。以满足社会需要为宗旨，对不适事宜的教学内容和教学方法大胆进行改革，提高学校或某些学科对市场的占有率和对社会的贡献度[①]。

---

① 陈文联.特色化：民办高校可持续发展的基本策略 [J]. 黄河科技大学，2006（2）.

4.推进产学融合，实现教学过程与生产过程相对接

民办高校要与企业开展全方位、深层次、多形式深度合作，实现"教学过程与生产过程"相对接，推动应用型人才的培养。第一，校企联合办学。坚持以市场需求为导向，以能力培养为本位，以提高质量和效益为中心，推进校企联合办学。使企业在联合办学中发挥专业及课程开发的目标功能、市场就业的信息功能和办学条件的物质功能。通过校企联合办学，使企业成为学校物质基础的后盾，先进技术（信息）和专业师资的来源，生产实习的场所，就业安置的摇篮，实现学校应用型人才培养和'低成本、高回报'良性发展的双重目的。第二，推行"订单培养"。根据合作企业的用人需求，与合作企业签订人才培养订单。通过订单培养"修改人才培养方案和计划，将课程设置与岗位的要求相结合，采用校企合作共同培养的方式，学生毕业后直接到相应的企业去工作。"订单培养"是民办高校与企业合作办学的一种模式，有利于促使学校人才培养的社会适应性，使毕业即就业的培养目的得以实现。第三，建立校外实习实训基地。为了提高学生的社会适应性和实践能力，民办高校加强与企业合作，可以采取在企业建立校外实习实训基地的做法。积极争取合作企业的技术、资金、设备支持，满足学生校外实习实践的需求，强化学生动手能力的培养。第四，推进"双主体"培养模式。民办高校要探索建立校企合作"双主体"人才培养模式，让企业参与人才培养的全过程。聘请企业工程技术和管理专家参与专业建设、人才培养方案制定和课程建设，与学校共同培养学生。鉴于"双主体"的概念，应明确企业所承担的人才培养的责任，制定企业参与人才培养的分配机制和政策，使企业在人才培养中责、权、利一致，形成校企合作长效机制和政策保障机制。

三、培育民办高校的学科专业特色

（一）专业特色是民办高校办学特色的基础

办学特色是一所大学赖以生存和发展的生命线，有特色才有生命力，有特色才有竞争力。法国巴黎高等师范学校每年只招收200多名学生，但建校以来却有10位毕业生获得诺贝尔奖、6位毕业生获得世界数学领域最高奖——菲尔兹奖，并培养出一位总统、两位总理以及大量社会精英。该校之所以能获得如此巨大办学成就的原因，正如该校校长加伯利埃尔·于杰所说："从原则上说，别的大学能做的，我们就不做。"这充分说明了坚持特色办学的重要性。就我国来讲，经过改革开放40年来的快速扩张，我国高等教育已经从卖方市场走上买方市场，高校之间为争取教育资源的竞争日趋白热化。面对激烈的竞争，高校必须树立特色办学理念，凸显学校个性，才能获得市场的认同，从而获得更多份额的教育资源。

高校的特色体现在人才培养特色、学科专业特色、科学研究特色、管理机制特色、社会服务特色等各个方面，其中学科专业特色是高校特色的重要组成部分。高校是以学科专业为基础和核心的学术组织，学科专业作为高校人才培养、科学研究和社会服务三大职能的具体承担者，对学校的发展具有重要的支撑作用。高校办学特色关键是要在学科专业上形成特色，通过学科专业的特色，带动教学科研及社会服务等方面形成特色。学科专业特色是高校办学特色的核心，舍此，高校的特色办学就只能是一句空话。

学科和专业有联系但也有区别。学科是科学知识体系的分类，不同的学科就是不同的科学知识体系。专业即某种职业不同于其他职业的一些特定的劳动特点。狭义的专业，主要是指一些特定的社会职业。

因此，一个专业可能要求多种学科的综合，而一个学科可在不同专业领域中应用；专业以学科为依托、为后盾，学科的发展以专业为基础。学科为专业建设提供发展的最新成果、可用于教学的新知识、师资培训、研究基地，专业主要为学科承担人才培养的任务和发展的基础，更主要的是为经济社会发展提供高素质的劳动者。

在学科和专业两个方面，民办高校与公办高校的侧重点有所不同。公办高校由于学科是专业发展的知识体系基础和支撑的特点决定，通常以学科建设为龙头，通过学科建设带动专业及其他方面的建设和发展。民办高校由于办学经验不足、人力资源有限、办学经费相对紧张，通过打造学科建设形成办学特色处于劣势。需要指出的是，以市场为导向进行专业设置是民办高校发展的有效途径，专业特色是民办高校办学特色的主要方面，也是民办高校发展的关键所在。正如教育专家刘贵华教授指出的："公办院校经常强调学科建设是人才培养的龙头，但是地方普通高校或民办高校专业建设才是人才培养的龙头。"[①]通过特色专业建设走特色发展道路，是民办高校特色化办学的重要切入点。民办高校走特色发展道路，应充分利用自己机制灵活的优势，坚持"办市场之所需、补社会之所缺"的原则，从专业特色培育抓起，扬长避短，形成自己的办学特色。通过专业特色发展，带动学科及整体办学特色的发展，提升学校的综合实力和核心竞争力。

当下，以专业特色带动办学特色的发展模式受到民办高校的普遍青睐，几乎每家民办高校的特色发展之路都是从举办特色专业开始的。其中在特色专业设置和建设上成绩显著，并由此带动学校高水平发展和综合实力迅速提升的不乏其例。如南昌理工学院的"航天类"专业、西安翻译学院的"外语类"专业、江西服装学院的"服装设计类"专

---

① 刘贵华.强化专业建设是民办高校实现特色发展的现实选择[J].浙江树人大学学报，2009（5）.

业、陕西国际商贸学院的"中医药类"专业、河北美术学院的美术与建筑设计专业，等等。这些民办高校的专业不仅办出了自身水平和特色，而且逐步形成了以特色专业为主干、相关专业为支撑、资源有效配置的专业群，大大提升了学校的知名度和综合办学实力。实践证明，通过专业特色建设带动特色办学发展是民办高校发展的成功之路，民办高校必须坚持这一已被实践证明的正确道路，不断推进有特色高水平民办高校建设。

（二）民办高校专业特色建设面临的挑战

民办高校专业特色建设，首先应做好专业的设置。应用型人才培养，首当其冲要有应用性的专业，专业设置是专业建设的基础。目前全国高考考生在持续下降，招生难的问题已经开始由专科蔓延到本科层次。在激烈的竞争环境中，如何抢占市场，争取更多更好的生源是高校共同面对的问题。民办学校没有财政拨款，要想发展，必须要有充足的优质生源，其根本在于富有特色的专业建设。就一定意义而言，特色专业建设直接关系到民办高校的生存发展。

从理论上讲，民办高校专业特色应该理所当然地做得很好。但是"应然"和"实然"有很大差距。以河南省参与第三批次录取的6所民办本科高校为例，2012年6所民办本科高校获得省级特色专业建设点总共才8个，特色专业建设点少，而且在学科分布上较集中[①]。又以北京城市学院、吉林华桥外国语学院、西京学院、河北传媒学院等5所首获硕士学位授予权的民办高校为例，2014年5所学校"只有少数省级重点学科和特色专业，尚无具有竞争力的优势学科或专业"，无国家一级的精品课程、教学名师、优秀教学团队和重点专业，"无一学科专业能进入

---

① 于平.新形势下民办高校的特色专业建设[J].新课程研究（中旬刊），2013（8）.

教育部学位与研究生教育发展中心开展的全国一级学科整体水平评估排名前列"①。民办高校特色专业成绩不尽如人意的原因很多，其中与民办高校专业建设的盲目性有很大关系。

一是专业设置跟风，专业大量重复。民办高校的专业设置应从社会需求出发，并根据学校的实际包括学校办学宗旨和培养目标以及已有的特色、优势等进行。《中华人民共和国民办教育促进法实施条例》规定，"实施高等教育和中等职业技术学历教育的民办学校可以按照办学宗旨和培养目标自行设置专业、开设课程、自主选用教材"。但在现实中，很多民办高校在设置专业时，完全不考虑自己的办学条件和现有资源，而是盲目跟风设置专业，哪个专业好招生就开设，拼命上一些所谓热门专业，造成专业设置与公办高校以及与其他民办高校严重趋同，相同专业重复设置数量过多。很多学校追求大而全的学科体系，将最初选定的特色专业淹没了，导致专业失去特色。

二是专业布局分散、重点不突出。由于受地域环境、人力资源、办学成本等因素影响，民办高校最初在专业设置时，主要考虑的是生源相对充足、任课教师好请、投入相对较小、易于起步等因素，以此作为开设专业的依据。对学校的专业布局缺乏科学规划，在专业设置上随意性大，缺乏学科专业的合理布局，一些热门专业的开设多带有盲目性，有的科学一个专业招收十几个班，有的学科仅下设一个或两个专业。因专业布局分散、重点不突出，专业建设经费缺乏，专业教师和建设资源供给不足，致使专业特色建设往往流于形式。

三是专业发展过快、专业建设跟不上。一些民办高校只注重追求规模效应，热衷于上新专业，有的甚至在短短几年就达到十几个专业，有的建校十几年就已达到几十个专业。各高校争相设置新专业特别是

---

① 阙明坤. 我国建设高水平民办大学的差距及对策研究 [J]. 黄河大学学报, 2014（2）.

热门专业，涵盖学科愈来愈多。一方面，盲目的扩张使学校容易忽略专业内涵式发展的重要性；另一方面，专业大规模扩张，导致专业建设涉及实验、实训、实习条件建设、专业图书资料建设、师资队伍建设、专业内涵建设等不能满足专业发展的基本要求，影响了专业的发展。

四是专业建设与学科建设结合不够。专业与学科关系密切，相互支撑和促进。在专业建设中，必须与学科建设结合进行。但一些民办高校只重视专业建设，盲目设置人才市场急需的专业，并扩大招生规模，以期获得更高效益，对学科建设则不重视。由于学科建设底子薄，导致人才培养质量低下，毕业生无法就业，或不能按专业对口就业，影响了专业的发展和学校的声誉。另外，专业设置中缺乏充分的科学论证，没有真正从地方经济发展需要出发，导致学科建设的方向目标不明确，承接的科研课题脱离学科建设内容，引进人才与学科建设方向脱节，科技开发脱离学科发展方向。最终专业建设上不去，学科优势也形成不了。

学科专业建设是高校立校之本，建设有特色的学科专业是民办高校在激烈竞争中立于不败之地的法宝。不重视学科专业特色建设，民办高校就会失去办学特色，就会在激烈的市场竞争中处于被淘汰的境地，建设有特色高水平民办高校的目标就无从谈起。

（三）民办高校培育学科专业特色的对策

1. 树立专业建设的龙头地位，避免重学科、轻专业的现象

公办高校因为突出学科作为专业发展的知识体系基础和支撑，通常以学科建设为龙头，民办高校因为以市场为导向，专业设置是其突出特色和优势。以专业建设为龙头更符合民办高校的实际，更有利于民办高校的发展。为此，民办高校要充分认识专业建设的重要性，自觉确立以专业建设为龙头理念，努力做好确立人才培养目标和规格、调整专业结构和专业内涵、设计培养方案和课程体系、建设教师队伍

和教学管理队伍、抓好课程建设和教材建设、改进教学方法和教学手段、建设实验平台和实践基地、完善专业制度和教学管理制度等各项工作，以专业建设推动学科发展。专业建设涉及很多方面，每一个新专业的设置都带来资源的配置。以专业建设为龙头，必须立足学校定位和实际，客观分析现有生源状况和师资力量，明确学校工作的重点，把有限的资金用到特色专业建设上去。要按照教育教学的规律，培育和建设一批重点特色专业，加强特色专业的课程建设、实验室和实训中心建设、师资队伍建设和实习基地建设以及科研建设等工作，积极培育争取省级和国家级特色专业建设点，以省级、国家级特色专业建设为抓手，推动整个学校特色专业建设。

2. 制定学科专业建设规划，避免建设的随意性和盲目性

学科专业建设既要有近期目标，也要有长远目标，以避免建设的随意性和盲目性。要制定学科专业建设规划，明确学科专业建设以市场需求为导向，根据地方经济发展情况、产业调整情况和本校教育资源的具体实际，突出学科专业及建设的实用性、综合性、交叉性、地方性。坚持"有所为和有所不为"的原则，发展优势学科，扶持新兴学科，培育交叉学科，集中力量建设重点学科。要根据学校和市场需求情况，调整现有专业设置，巩固发展已建成的优势专业，设置具有发展潜力的新专业，重点打造特色专业，努力构建布局合理、结构优化、特色突出、适应国家和区域经济社会发展需要的特色学科专业体系。学科专业规划应该明确学科专业建设的具体任务和举措，落实实现这些任务举措的保障措施，使学科专业建设各项任务举措落到实处。

3. 加强学科带头人和团队建设

在学科专业建设中，学科带头人和学术团队至关重要。学科和专业是否有特色和竞争力，在很大程度上取决于学科带头人和学术团队的建设。民办高校师资队伍建设相对比较薄弱，特别缺乏有名望、有

影响的学科带头人。民办高校应抓住机遇，突破以往的进人机制，通过采取在待遇上、工作条件上倾斜的政策，积极引进学科带头人。在加大人才引进力度的同时，也要积极培养自己学科带头人和教学科研团队。一是加大学科专业团队建设的资金投入和制度支持，提高教师待遇，减少教师流失。二是通过举办教学比赛等活动，提高年轻教师的教学能力。创造与企业合作的机会，让教师深入到生产实践中区，了解企业的实际需求，丰富自己的教学内容。三是聘请企业界人士对教师的实训课进行指导，利用学科带头人培养年轻教师。通过多措并举，努力培养一支稳定的青年骨干教师队伍，建立一支具有众多教学名师和科研高手的优秀学术团队。

4. 制定特色专业培养方案

特色专业建设就是要培育高水平、高质量的"人无我有，人有我优"的专业，其主要内容包括：确定专业涉及的领域及服务范畴，研究该专业的发展空间；根据社会对该专业的需求、社会对本校该专业的认同程度以及学校已有的专业建设基础条件，决策该专业的发展规模，制定特色的培养目标和科学的培养计划。其中培养目标和计划对整个专业活动起导向和规范作用。在培养目标和计划中，课程体系建设又是最关键的，它直接影响专业建设与发展，即课程体系合理与否、质量高低、实施效果好坏，直接影响专业的人才培养质量。加强课程体系建设，首先要明确建设目标、人才培养目标和建设思路，结合师资队伍建设，加大调研，构建适合三本院校的课程体系。其次要适当压缩公共基础课程，增设相关专业基础课和专业课程，加大突出特色的实践课时，构建特色课程体系和实践教学体系，从而使民办高校专业建设在实践中逐步形成特色。另外，在传统的基础课程和专业核心课程之外，应该根据学校特点和专业的实际需求，设计多方向的特色课程，以确保培养出来的现实就业宽口径，技能更实用，实践能力更强。

5.编写特色专业教材

教材是教学内容的载体，特色专业必须在教材建设上有明显的体现，有与特色专业相吻合的教材。由于特色专业的建设工作一般具有异质性，民办高校的特色专业教学很难找到针对特色专业的、现成的教材。为此，民办高校应该应根据自身学生的特点和培养方向，组织专业教师结合理论知识和实践经验，融入专业发展的新动向，编写出适合教学需求的特色教材。在教材编写中，要改变既有的因为追求数量不重质量，编写出来的教材都是通过各种不同教材的节选凑成的混编版的现象。要坚持以应用型人才培养为目标，以就业需求为导向，结合学校的实际情况，增强教材的应用性、针对性、特色性。同时，也可以尝试开发电子教材和多媒体立体化教材，并挂到学校网站上供更多学生学习利用。学校还应完善教材评价体系和教材选用机制，及时对教材更新。

6.推进学科与专业一体化建设

民办高校以专业建设的龙头，但不可以不重视学科建设。学科是专业发展的知识体系基础和支撑，对培养高质量的人才有重要意义。民办高校专业建设应根据学科特点来进行，推进学科与专业的一体化建设。所谓坚持学科与专业一体化发展，就是要在明晰办学理念、发展目标和发展战略与策略的基础上，对学科建设与专业建设进行整体规划。要根据经济社会发展需求变化和科技文化发展的新趋势，适时调整和优化学科结构与专业结构，不断强化学科与专业的优势与特色；要将学科与专业的组织领导、规划建设、管理体制机制以及评估与激励机制相结合，将人才培养、科学研究以及社会服务与文化传承创新相结合，着力推进学科与专业的一体化建设。要完善资源配置监督考评机制，实行绩效目标管理，建立学科专业负责人制度，形成合理调配、优先使用、共享共用的教育资源配置机制，不断提高资源利用效率，逐渐形成学科专业的特色与优势。

7. 创建良好的学科专业建设环境

民办高校建设真正有特色的学科和专业，必须要有一支敢于创新、有担当的管理队伍。有效的学科专业管理体系对于特色学科专业的发展不可或缺。民办学校应该给学科专业建设的管理者提供更大的自主权，让他们能放手去干。同时，学校也要在宏观上进行把控，在"分权""放权"和"监管"中做好协调和转换，以保证学科专业培养方案能够顺利实施。在学科专业建设中，民办高校的管理层要解放思想，改变落后的管理理念和方法。首先，应尽力为特色学科专业建设的发展创造一个和谐、民主、团结、有凝聚力的环境。其次，要建立良好的学术管理体制，大力推进管理创新。科研主管部门要积极发挥学校和教师之间的纽带和桥梁作用，不断提高服务意识、服务能力和管理水平，整合校内外资源，尽可能地为教师科研提供便利，创造条件。图书信息部门应为教师提供便于使用的、藏书丰富的图书资料和丰富发达的信息网络。各部门通力合作，为特色学科专业建设创造良好环境。

四、培育民办高校的文化特色

（一）文化特色是民办高校特色的重要内容

文化的本质是观念形态，属于精神领域，但文化的作用并不限于观念形态、精神领域，人们的经济活动、制度设计、行为方式、日常生活都具有特定的文化内涵，都体现文化的作用。文化如同空气一样无所不在，凡是有人的地方，凡属人的活动范围，文化都起着特殊的作用，发挥着独特的功能。文化的特殊作用和独特功能是对个人和社会的"教化"，从而塑造个人，引导社会。大学文化是以社会先进文化为主导，以师生文化活动为主体，以校园精神为底蕴，由校园中所有成员在长期办学过程中共同创造形成的学校物质文明和精神文明的总和。它是一所高校综合状况的集中体现，是大学精神形成的重要载体，是实现教育目标的依托，是改善学习环境、陶冶情操、增长才干的媒介，是体现和代表先进文化的发展方向，传播先进文化的重要渠道。大学文化作为校园精神及其在物质和意识建设形态上的具体化，对学生的成长影响重大。它通过潜移默化的方式对学生的思想观念、心理素质、行为方式及价值取向等产生影响，使学生在不知不觉中接受教育，并转化为信念，从而起到课堂教学不能替代的导向作用、约束作用和育人作用。大学文化是高校培养核心竞争力的关键，大学文化对外可以增强对社会的认同感，树立学校的整体形象，形成学校的魅力。对内可以增强归属感、使命感，形成凝聚力、内聚力和共同的价值观。大学文化一旦形成，就会成为一种教育力量，反过来教育和影响学校的师生员工。大学文化是高校管理中最具向心力和凝聚力的部分，它直接影响着学校的发展方向和速度，对学校的可持续发展和品牌建设起着决定性的作用。

大学文化建设对民办高校来讲尤其重要。首先，民办高校是新兴的办学力量。相对公办高校而言，民办高校发展时间较短，没有深厚办学传统的积淀，缺少丰厚的文化底蕴。而一些民办高校在文化建设上，对大学文化的核心理念、优秀的组织文化的认识比较肤浅，以简单的校园文化活动，代替核心理念和优秀的组织文化建设。有的民办高校校园虽然建得很漂亮也很现代化，但因没有先进教育理念与深厚的特色文化内涵而难以被社会认同。其次，民办高校学生录取分数相对比较低，学生主体文化表现在学习效率、心理期望、活动方式等方面有许多不尽人意的地方。特别在学习上，民办高校学生学习能力普遍较低，上进心不够。有调查显示，民办高校大学生在对待期末考试的态度上与公办普通高校的大学生存在很大差异。大多数民办高校学生对考试表现为一种"无所谓"态度①。公办高校与民办高校存在的社会地位、发展前景等方面的现实差距，也造成了不少民办高校学生存在着自信心不强、主动性欠缺、心理压力较大等问题。学生是大学文化建设最重要的主体和最主要的受益者，加强文化建设尤其重要。第三，文化建设是民办高校打造自身品牌的重要着力点。民办高校存在诸多的先天性不足，要想在激烈的高教市场竞争中争取资源、实现可持续发展，就必须高度重视大学文化建设，精心打造特色品牌，形成特色竞争力。大学文化包括物质文化、制度文化和精神文化建设，本身就是大学品牌建设的内容。作为学校综合状况的集中体现，大学文化的主要作用就是塑造文化精神、创造文化氛围，推动大学品牌建设。只有从文化建设持续发力，不断推进学校品牌建设，才能增强竞争力，从根本上实现民办高校办学层次的提升与可持续发展。

许多民办高校在发展过程中，在大力加强硬件建设的同时，重视软件的文化建设，从实际出发打造特色文化，通过文化建设，促进了学校的发展。南昌理工学院的军魂育人文化就很具典型意义。这个依托原空军部队教科文具生产企业创建的民办高校，始终有着军队的情结。学校的文化活动、管理体制和校风校貌建设体现我军的优良传统和作风。学院还定期组织军事形势、国防建设、国际军事与政治斗争动态的报告会，让青年学生在校园里，始终保持一种旺盛激情，不断激励他们的学习热情，特别是重视新生入校军训工作，形成了军事技能训练、心理健康教育、军事革命传统教育，与校园文化教育有机结合的军训体制。学院聘请一批在解放军军事院校和战斗岗位长期从事教学、指挥、训练、管理的老军人作为组织军训的指导者，同时从大

---

① 王晓雪，王小巍. 民办高校学生教育存在的问题与对策研究 [J]. 科学导报, 2015 (1).

学生中选拔培养一批军官为骨干，为每年的新生进行军事训练。这支军训教官队伍平时还从事维护校园良好教学生活秩序的工作，又是校园各项工作的得力助手，并使得校园军魂育人的文化基础有广发的群众性。南昌理工学院所实施的军魂育人已经成为全国各类大学中的一大亮点，学校由此成为省政府、省军区批准建立的高校大学生国防教育基地。大学生训练教官队伍连续多年被湖南、上海、浙江、江西、等省市的各类学校聘请为新生军训教官队伍，很多军训教官成员毕业成为其他学校和企业单位首选对象，成为每年我军挑选海陆空士官的预选对象。大学生军训教官队伍的办法：选拔和训练一定数量的上届老生作为下届新新生军训教官队员，选拔比例按学生人数的千分之三十进行，组织这些人由优秀的专业军人进行全面的军政培训，实施单独住宿管理，分散按时按专业进课堂进行专业学习，统一着装，在全校学生海选的基础上，经过长时间课余时间的军训后，淘汰一批不适应者，将其优秀者作为正式新生军训教官队伍，并颁发教官证书。这些大学生教官在新生入学时，按照学校编排的师团营连分到一线担任军训连长、指导员，有班级班主任或辅导员担任协管员，共同完成每年的新生军训任务。在完成上述任务后，又在每年的新生中预选后备队员，以此进行正常的循环接替。民办高校校园文化建设弥补了其固有人才培养模式的欠缺，锻炼了学生的参与能力、组织能力、实践能力，提高学生综合素质，提高了学生就业的竞争力，从而提升了民办院校的社会认可度。

民办高校经过改革开放40年以来的发展，已经跨过"讲求规模效益、追求经济效益、实行粗放型管理"的初级发展阶段，进入到"讲求教学质量、注重社会效益、进行规范化管理"的发展阶段。在这个阶段，民办高校之间、民办高校与公办高校的竞争不再是校舍、绿化等物理环境的竞争，而是教学科研、人才培养、校风校貌的竞争，是学校的社会贡献与社会声誉的竞争，归根到底是学校精神文化的竞争。面对激烈的高校竞争，民办高校要做到立于不败之地，通过加强文化建设打造学校品牌是其重要战略选择。

（二）建设高水平民办高校要进一步培育文化特色

我国民办高等教育伴随着改革开放的春风和旺盛的高等教育需求悄然兴起，经过40年的发展，民办高等教育学生人数不断增加，办学层次不断提高，整体结构不断优化，办学实力不断增强，已经成为我国高等教育体系的重要组成部分。在新的形势下，国家对民办高校的发展提出新的要求。2010年党中央国务院颁布《国家中长期教育改革与发展规划纲要（2010—2020年）》，高度肯定民办教育的发展作用，提出了"支持民办学校创新体制机制和育人模式，提高质量，办出特色，办好一批高水平民办学校"。2012年教育部发布《关于全面提高高等教育质量的若干意见》也提出，"加强民办高校内涵建设，办好一批高水平民办高校"。建设高水平的民办高校，首先是建设有特色的民办高校。特色是民办高校吸引生源，提高社会地位的基础，特色是体现民办高校办学水平和社会声誉的核心竞争力。民办高校要想从众多的同类院校和公办高校中脱颖而出，成为高水平的民办高校，打造特色至关重要。高校办学特色包括很多方面，其中文化特色是关键。当下，越来越多民办高校的重视文化特色建设，一些民办高校形成了自己的文化特色品牌，推动了民办高校教育事业的发展。但是，也应该看到，民办高校文化建设存在着重视不够、特色不强、水平不高的问题，需要引起高度关注。

1. 重视不够

一些民办高校领导主要精力用于显性的基础建设、专业学科建设、招生和就业等诸多办学初期的基础性建设，对于办学理念和办学指导思想、学校的精神文化等考虑不够。一些民办高校办学时间较短，没有形成明确的文化理念，更不用说对精神文化、物质文化、制度文化和行为文化建设的系统思考。有的学校甚至连校训、校歌、校徽都没有，更谈不上精神追求和文化塑造。一些民办高校对校园文化停留于表面，深层次建设不够。如有的民办高校将校园文化建设局限于学生的层面，将校园文化建设只是依附在高校的学生管理部门，缺乏完善的校园文化建设的组织机构。一些民办高校没有将文化建设纳入学校发展的整体规划中，文化建设上缺乏连续性、整体性的设计与规划，实践中也没有形成规律，偏离与学校特色相一致的发展方向。

2. 特色不强

一些民办高校在构建校园文化建设过程中，不从自身特点和实际出发，未能充分挖掘本校的校情校史、办学特色和培养目标等文化因素，盲目地模仿其他学校的文化建设模式和做法，搞"拿来主义"，致使民办高校文化建设呈现出共性多、个性少的状态。一些民办高校对自己的办学特色定位总结和分析不足，在办学理念、价值追求、培养目标等方面趋同现象严重。在精神文化构建上不去深入挖掘自身的特色和文化沉淀，许多民办高校的校风、校训的提法过于雷同，大学精神的提炼没有特色。在制度和行为文化构建上，盲目跟风地模仿一些文化建设比较好的高校模式。规范教师教学行为的各项工作制度和约束学生日常行为的校风校纪，也缺乏针对性和创新性。

3. 水平不高

一些民办高校的文化建设只是单一地注重物质文化建设，忽略了精神文化建设。有的民办高校为了达标晋级、考评合格，在校园文化建设上出现了"一边倒"现象，花费大量的物力、财力搞"硬件"建设。而一些民办高校的校园物质文化建设，不重视挖掘自身特点和长期形成的校园环境特色，往往取决于学校领导的一时偏好，甚至把"宗教思想""阴阳风水"之说融入学校物质文化中，致使校园环境建设呈现出种种"怪像"。一些民办高校在文化建设中缺少人文教育，单纯地去强调学生们的操作技能，对学生的积极心理与创新精神的培养比较欠缺。一些民办高校文化建设重形式轻内容，做"面子"工程，没有深入地挖掘文化活动背后所应蕴含的导向、激励和教育功能，忽略了通过活动开阔学生眼界，修身养性，提高综合素质。很多民办高校把校园文化建设等同于丰富学生业余生活，一味发展娱乐文化，文化建设水平和品位不高。

文化特色是民办高校办学特色的重要内容和基础，是民办高校竞争力的重要因素。上述民办高校文化建设中的重视不够、特色不强、水平不高的问题不解决，势必影响民办高校办学特色的形成和竞争力的提高，从而影响建设有特色高水平民办高校目标的实现。

（三）民办高校特色文化建设的策略

1. 制定民办高校特色文化建设的总体规划

民办高校特色文化建设，首先要做好文化建设的规划。高校文化建设具有复杂化、多元化、系统化的特征，对这样一个长期而浩大的建设工程，既需要有全局意识、整体规划，又需要关注细节，注重各个环节紧密协调发展，做到整体与部分相协调，使校园文化建设有计划、有步骤地开展。校园文化活动覆盖范围广种类繁多，有思想理论研究方面的，也有艺术体育活动方面的，都要有规划。为了避免文化建设中出现的混乱局面，要确立文化建设的指导思想进行统筹，即应坚持以"学生为本"的价值理念，将物质文化建设与精神文化建设紧密结合，构建一个多元化的民办高校文化生态系统，彰显民办高校文化建设的新时代特征，并能在师生思想意识和谐共进的基础上转变成为了师生共同存在的群体意识。对于每一所民办高校而言，既要坚持高校文化所秉持的一些共性的东西，如育人、奉献、进取等，也要针对各高校自身特点，也要针对不同专业的教育特征来融合进更多的职业特征与技能以及职业素质，如商科专业的诚信、护理专业的救死扶伤等，寻求高校与企业的衔接点，以培养出更多高素质的专业人才。校园文化的发展空间隶属于高校校园，不同的民办高校应体现不同的校园文化特色。

2. 统筹推进民办高校各方面特色文化建设

第一，加强物态文化建设。大学物态文化包括校园自然环境、人工设施等物质形态存在的硬件环境，它不仅为大学生学习生活提供物质条件，而且对大学生健康人格形成与发展有着重要作用。民办高校物质文化建设是学校文化建设的基础，够在潜移默化中感染学生，通过有形文化的熏陶促使学生思想意识发生转变。民办高校在建设物质文化的过程中应该充分结合地方特色，采用因地制宜的审美原则，通过呈现学校的物质文化表达学校的办学理念与校风、学风，发挥独具特色的隐性文化的启迪、教育功能。增强校园人文景观，加强自然生态的保护，提升校园浓郁的文化氛围，通过物态文化建设，潜移默化地陶冶和感染学生，净化心灵。

第二，加强精神文化建设。大学精神文化是"大学人"共同孕育而形成的精神财富，其作用于教育教学、科研、管理、校园生活始终，是大学文化建设也是大学持续发展的核心要素。精神文化是关于大学的本质、使命、精神以及价值的理论观点，沉淀着大学的精神内核与学术传统，凝聚着大学的办学力量与目标追求。民办院校应利用自己体制话、束缚少、灵活高效的优势，着力推进大学精神文化建设。

第三，加强制度文化建设。制度文化是物质文化和精神文化的保障，它由显性与隐性构成。显性制度文化是指由国家或高校为学校制定的、需要大家共同遵守的规程、条例、准则等，具有显而易见的外在表现形式。隐性制度文化是指由规章制度辐射出来的制度的意图、目的、指导思想和执行制度过程中所体现出来的价值观念和行为方式，以及由此形成的制度氛围等。大学制度文化是民办高校在日常管理和规范中逐步形成的，是学校师生员工认同和遵循的物质与精神成果，体现着学校特有的价值观念和行为方式，主要包括组织机构、领导体制、运行机制、校规校纪和公约条例等。民办高校只有建立起完善的规章制度，才能有效规范师生员工的行为，保证学校各方面工作和活动的开展与落实。民办高校文化建设应从显性制度的约束走向隐性制度的价值，注重对学生的教育和引导作用，把规章制度转化为师生员工自觉遵守的行为规范和习惯，真正用以提高师生员工的思想认识与品德修养，保障学校各项工作的高效有序运行。

3. 加快民办高校的校企文化融合

民办高校教学体制与公办高校不同，他们的专业设置要紧跟市场的需求，培养出深受企业欢迎的高层次应用型人才。为此，民办高校要加强与企业的联系与合作。推进自身校园文化与相关合作企业与市场的交流。高校与企业虽然属于两种不同类型的机构，在物质文化方面差异较大，但在精神文化层面却有着可以彼此联系的共通点。校园文化与企业文化是相辅相成的，校园文化是企业文化的基础，企业文化亦可以丰富校园文化，所以要实现特色校园文化，两者的文化融合必不可少。高校文化建设应与企业文化紧密联系，努力提升学生的诚实信用、爱岗敬业的职业素养，使学生更好地融入企业文化，为在思想上进入企业走进社会做准备。民办高校在与企业合作过程中，既要把企业对人才的要求贯彻到民办高校教学之中，也要将先进的企业文化融入民办高校的学风、校风建设中来，并且在实际教学中加强对学生职业道德的教育，让学生能够在高校学习的过程中尽可能多地理解不同的企业文化，进而形成学生自己的认同感，以便在未来的求职中，能够更有针对性地进行选择。校企文化的融合，有利于民办高校更好地培养社会需要的学生，有利于形成独具特色的民办高校大学文化。

4. 坚持活动多样性与教育有效性相结合

民办高校文化建设应针对大学生的特点，组织学生开展多元化的校园文化活动。例如，在学生行为养成教育中，开展义务植树、服务进社区、争做交通文明标兵等社会实践活动；在价值取向教育中，开展爱国主义教育、参观革命圣地和慰问革命先烈家属等；在人际交往培养中，开展团队拓展训练、职场新体验、团队营销等活动。民办高校应精心设计一批集思想、学术、娱乐为一体，形式新颖，内涵深刻的文化活动载体，彰显校园文化的道德教育、智慧教育、审美教育功能。可以通过开展校园艺术节、科技大赛、艺术展演、大学生运动会等文化活动，彰显社会主义核心价值观，唱响爱国主义和集体主义主旋律；可以举办多种话题的讲座与爱国主义或者法制教育的活动，对在校学生们的道德品质进行正确引导。应创新学生社团文化建设的工作思路，将其作为校园精神文明的一项重点工作来抓，加强管理、监督和指导，使学生社团文化发展迈入正常轨道。大学文化氛围不仅包括娱乐文化氛围，更包括学术文化氛围，优秀的校园文化必须有丰富的知识内涵和学术气息，让学生在实际而贴切的知识与学术的氛围中接受熏陶，开阔眼界，开拓思维，最终形成一种学术精神。可以开展一些贴切的知识与学术的文化活动。比如，开展教育教学改革大讨论、教学艺术竞赛、科研创新系列活动，鼓励师生员工广泛参与，增加学术氛围不浓厚，提升文化建设内涵。在学生社团文化建设中，重点扶持理论研究型社团、科技发明类社团和文体艺术类社团的建设，充实校园文化的知识内涵和学术气氛。民办高校定位于培养应用型人才，要结合服务地方经济、紧跟市场需要的人才培养的需要，推进创业文化发展，打造具有民办高校特色的校园文化建设品牌。

第四章

提高民办高校的办学水平

建设高水平民办高校，要在打造特色的基础上，努力提高办学水平，特别是提高教师队伍水平、教学水平、科研和社会服务水平以及党的建设水平。高水平大学离不开高水平教师队伍，提高教师队伍水平是建设高水平民办高校的关键。教学、科研和社会服务的水平，是衡量民办高校水平的重要方面，提高教学、科研和社会服务的水平，是建设高水平民办高校的重要任务。党的建设是社会主义高校的政治特色，是建设高水平民办高校的组织和政治保证。

一、提高民办高校的教师队伍水平

（一）教师队伍水平是建设高水平民办高校的关键

著名教育家，原清华大学校长梅贻琦曾精辟地诠释了大学的真谛："大学者，非大楼之谓也，乃大师之谓也。他说：一个大学之所以为大学，全在于有没有好的教授。"梅贻琦提出好的教授的两条标准：其一，必有精深学问，"以己之专长之特科知识为学生明晰讲授"；其二，必有高尚人格，要为学生"自谋修养、意志锻炼和情绪裁节"树立榜样。

这就是说，好的教师是一所大学的关键所在。因此，高等教育的发展必须特别重视教师队伍的建设。2010年，中共中央、国务院印发的《国家中长期教育改革和发展规划纲要》（2010—2020年）强调"教育大计，教师为本"，要求加强高素质教师队伍建设，"努力造就一支师德高尚，业务精湛，结构合理，充满活力的高素质专业化教师队伍"。2011年，胡锦涛总书记在庆祝清华大学建校100周年大会上的讲话中特别强调了"教育大计，教师为本"的思想，指出"要把加强教师队伍建设作为教育事业发展最重要的基础工作来抓，充分信任、紧紧依靠广大教师"，形成更加浓厚的尊师重教社会风尚，使教师成为最受社会尊重的职业。2014年9月9日，习近平总书记到北京师范大学看望教师学生时指出："百年大计教育为本。教育大计，教师为本。国家繁荣、民族振兴、教育发展，需要我们大力培养造就一支师德高尚、业务精湛、结构合理、充满活力的高素质专业化教师队伍，需要涌现一大批好老师。"2018年《中共中央国务院关于全面深化新时代教师队伍建设改革的意见》指出："教师承担着传播知识、传播思想、传播真理的历史使命，肩负着塑造灵魂、塑造生命、塑造人的时代重任，是教育发展的第一资源，是国家富强、民族振兴、人民幸福的重要基石。""各级党委和政府要从战略和全局高度充分认识教师工作的极端重要性，把全面加强教师队伍建设作为一项重大政治任务和根本性民生工程切实抓紧抓好。"

建设高水平民办高校，同样需要一支高水平的教师队伍。建设高水平民办高校需要从很多方面努力，如要提高教学水平，提高科研和社会服务能力，打造办学的特色，提高人才培养的质量等，而这一切都离不开教师队伍的建设。高水平的教师队伍是提高教学质量的重要条件，是提高科研和服务社会能力的决定因素，是打造办学特色的力量源泉，是提高人才培养质量的关键所在。没有高水平的教师队伍，建设高水平的民办高校就是一句空话。

我国民办高校在发展过程中，始终把教师队伍建设作为一项重要战略来抓，采取了包括引进、培养在内的很多举措来提高教师队伍水平，并取得了很好的成效，推动了民办高校发展。但是，从总体上来讲，民办高校教师队伍建设还处在不少问题，与建设高水平民办高校的目标任务不相适应。

1. 教师的学历、职称偏低

民办高校专职教师的学历层次以大学本科及硕士研究生为主，博士研究生较少。以上海市19所民办高校专职教师为例，2012年上海19所民办高校专职教师具有硕士学位的教师占总数的57.39%，具有学士学位的教师占总数的35.85%，只有3.36%的教师有博士学位。而公办高校专任教师中博士比例在2007年就已达到28.80%。就职称而言，民办高校专职教师大部分为中级或中级以下职称，只有少部分教师具有正高级或副高级职称。2012年，上海19所民办高校专职教师具有正高级和副高级职称的教师分别占民办高校专职教师总数的1.41%和8.09%，而2007年上海公办高校专职教师中具有正高级和副高级职称的教师就分别占公办高校专职教师总数的15.39%和29.15%。显然，民办高校教师职称与公办高校相比差距明显[①]。

2. 教师队伍不稳定，流动性大

民办高校专任教师队伍存在稳定性较差、流动性较大的问题。以辽宁省为例，2010年辽宁省民办高校增加专任教师1096名，减少专任教师622名，专任教师流失数与引进数的比值0.57；2011年民办高校增加专任教师1082名，减少专任教师556名，专任教师流失数与引进数的比值为0.51。也就是说，2010—2012年，辽宁省民办高校平均每招聘两名专任教师就流失一名专任教师。据调查，辽宁省内民办高校流失

---

① 徐雄伟，高耀明．民办高校学术职业现状的调查分析 [J]. 高等教育研究,2013（1）.

优秀教师的主要去向是公办高职院校、事业单位及政府机关。[1]这种现象给民办高校的正常教学工作带来了不利影响，也影响了民办高校的声誉，成为制约民办高校发展的重要瓶颈。

3. 教师学术能力不强

民办高校定位为应用型高校，重视教师的应用研发能力，其学术能力相对偏弱，以上海市为例，2012年上海19所民办高校专职教师中31.50%的本科院校专职教师和47.10%的高职高专专职教师，过去两年内没有承担过任何项目；本科院校和高职高专承担过1个项目的专职教师分别占42.40%和36.20%；承担过2项的分别占18.50%和11.20%；两类院校承担过3项和3项以上的专职教师都比较少，本科院校分别占5.40%和2.20%，高职高专分别占4.00%和1.50%。这还是因为上海设立"上海高校选拔培养优秀青年教师科研专项基金"项目，全市每年资助名额为1000名左右，这一政策对民办高校专职教师申请项目有利。就发表论文来说，2011—2012两年，上海本科院校有40.20%的专职教师没有发表过论文，高职高专的比例为50.70%；发表1或2篇的教师，本科院校分别为17.20%和27.20%，高职高专分别为25.00%和4.90%[2]。

4. 教师队伍专业特色不明显

民办高校应用型人才培养，需要特色专业和特色教师，但民办高校一部分教师来源于公立学校的退休教师和兼职教师，这些教师的知识结构相对比较陈旧，不了解学科发展的最新动向，不能运用先进的教学辅助设。民办高校的专职教师也以基础学科为主，应用型专业、新兴专业和边缘专业的教师数量不足，与民办高校特色专业发展不相适应。民办高校定的培养目标决定了民办高校需要一支具有扎实理论

---

[1] 王维坤，温涛.民办高校师资队伍建设的问题与出路：以辽宁省民办高校为例[J].中国高教研究，2014（1）.

[2] 徐雄伟，高耀明.民办高校学术职业现状的调查分析[J].高等教育研究，2013（1）.

基础知识和丰富实践经验的"双师型"教师，但目前民办高校教师大多是理论性人才，双师型教师不足。民办高校教师主要来源于公办高校的毕业生，就目前我国高校教师学习、工作经历而言，这些新入职的教师从高校毕业后直接从事理论教学和实践教学工作的可能性较大，这就直接导致我国民办高校教师缺乏实际经验和工程实践经历，实际动手能力普遍较差。教师偏重理论研究，缺乏实际经验和工程实践经历，对新工程新技术的发展及新动向缺乏了解，致使他们在新型人才培养实施过程中的实践阶段无法独立指导学生。

建设高水平民办高校，必须把提高教师队伍水平作为一项主要任务提出。就目前实际来讲，民办高校教师队伍建设要努力解决教师学历、职称偏低、队伍不稳定，流动性大、教师学术能力不强、特色结构不明显的问题，通过解决这些突出问题，推动民办高校教师队伍整体水平上一个台阶。

（二）提高民办高校教师队伍的特色化水平

民办高校应用型人才培养目标的特点，决定民办高校教师队伍建设具有与公办高校不同的特点，这个特点主体现在教师专业、教师能力和教师队构成三个方面。民办高校教师队伍建设，应从应用型人才培养的要求出发，打造教师队伍的特色优势。

1. 突出教师的专业特色

民办高校特色发展以特色专业为基础。特色专业是民办高校的王牌和核心竞争力。但特色专业的建设要有特色专业的教师来支撑，没有特色专业的教师，特色专业就会因为没有基础而消失。目前民办高校开设了很多特色专业，但特色专业教师数量明显不足，影响了特色专业的发展。为此，应大力引进和培养特色专业教师。民办高校人才引进政策要向特色专业倾斜，在结合学校实际的基础上，根据特色专业建设的需求，面向社会，积极引进富有经验的教育教学人才，更好地把握和适应社会需求，促进特色专业建设发展。除了积极引进特色专业教师外，民办高校要积极培养自己的特色专业的教学团队。首先，要加大特色专业建设的资金投入和制度支持，提高教师待遇，减少教师的流动性。其次，通过举办教学比赛，提高年轻教师的教学能力。要创造与企业合作的机会，让教师深入到生产实践中，从而可以更加了解人才市场的需求，丰富自己的教学内容。高校的教学与科研是相辅相成的，学校应为教师提供各种便利，鼓励教师申请科研项目，认真做研究。现在很多民办高校已形成了一定的办学规模，但是特色专业建设带头人仍紧缺，专业师资梯队状况不理想。民办高校的很多教师都是从学校毕业就直接进入教学岗位，在教学管理和学术发展规划上缺乏经验，需要有老教师和学科带头人为他们引路。学校应该通过引进学科带头人，利用学科带头人培养自己的年轻教师，形成新的教师梯队，推动特色专业发展。

2. 提高教师的能力特色

民办高校人才培养目标定位在培养应用型、技能型人才，这个人才培养目标定位对教师能力有特殊的要求，即教师不仅要具备较高专业理论知识和学术素养，而且要有较强的职业技能，不仅要有理论研究能力，而且要有较强的专业执教能力。教师的执教能力包括实施专业教学的能力、驾驭教学方法的能力和实现教学创新的能力。提高教师职业执教能力，要求教师做到勤于学习，具备系统的专业教学学科知识和学识水平，掌握专业技术的应用性知识，在教学内容、教学方法、教学思想上不断创新，改进教学方法，丰富教学方式，激发学生学习的兴趣和热情，促进学生自主学习。民办高校人才培养方式与普通高校不同，实行"二元化"教学模式，即通过课堂教学和实践教学相融合，着重培养学生知识应用能力，适应这种人才培养方式的要求，民办高校需要建设一支"双师型"教师队伍。所谓"双师"型的教师队伍，即在教学专业知识的传授上是讲师，在职业技能传授上是工程师、经济师、会计师。建设"双师型"教师队伍，有利于实现应用型人才的培养目标，实现理论教学与实践教学的无缝对接。为此，民办高校要走校企联合路线，发挥产学研相结合的优势，有计划地组织专业教师深入生产第一线开展调查研究、进行业务实践或参与企业技术攻关，选派骨干教师到相关企业边实践边学习，掌握最新技术和管理信息，提高实践能力和动手能力，并把行业和技术领域的最新成果引入课堂教学。民办高校应创新以往以学历、学位、职称、资格证书等衡量人才的标准，加入行业实际工作经验，实操能力等要求，打破以往固有的行业标准，不断拓宽教师的来源渠道，优化双师型教师队伍结构。引进企业或行业具有丰富实践经验的兼职教师，拓宽渠道促进普通教师向双"双师型"转变，培养一支既能从事理论教学又能从事实践教学，既是讲师又是工程师（或农艺师或经济师）"双师型"教师队伍。

3. 优化教师的结构特色

民办高校教师队伍的结构实行的是专兼职教师结合的模式，这是民办高校教师队伍的特点和亮点。民办高校利用外聘教师，有利于充分利用社会资源，提高办学效益，既是完成教学任务的需要，也有利于打破人才封闭性，促进人才的开放流动，还能增加社会认可度。民办高校要继续坚持从省内外高校聘请具有丰富教学经验的教师担任兼职教师做法。兼职教师除担任教学工作外，还可以担任专业主任、专家委员会委员、督导教师等职务，其任务主要是教学计划的制定，教学培养方案的策划，实践教学环节的落实，毕业设计（论文）的策划与指导，教学质量的检查，专业教师的推荐等。担任这些岗位的兼职教师一般要求在本专业方面有比较高的建树或者对本行业有比较好的了解和在自己工作的领域有比较高的造诣。企业兼职教师具有丰富的社会资源、工作经验和实践技能，他们作为生产实践领域的能手和专家，加入高职师资队伍，可以充实高职院校的实践教学力量，弥补专业教师在行业发展和实践操作能力方面的不足。要大量聘请行业企业的专业人才和能工巧匠，到学校担任兼职教师，逐步形成实践技能课程主要由具有相应高技能水平的兼职教师讲授的机制。要完善企业兼职教师队伍建设，要推动企业兼职教师社会认证制度、建立健全企业兼职教师资源库、为企业兼职教师提供岗前培训、减轻企业兼职教师教学辅助工作、完善企业兼职教师评价机制、完善企业兼职教师薪酬和培训机制。对于授课效果不好的教师，学校应该随时解聘。通过这些办法，使学校的兼职教师队伍一方面能够保持相对的稳定性，另一方面又有一定的灵活性，有一定的自由空间选择优秀的教师。除聘请高水平的兼职教师外，民办高校应有计划地引进专职教师。目前民办高校中专职教师比例过小，兼职教师比例过大，不利于师资队伍的稳定。随着经济发展的需求和教育竞争的加剧，民办高校在教师队伍建设上，要更加重视专职教师队伍建设。

（三）提高民办高校师资队伍水平的路径

1. 通过引进提高师资队伍水平

民办高校提高教师队伍水平，应进一步加大人才引进力度。一方面，抓住公办高校引进博士相对饱和的机遇，加大博士研究生引进力度。提高教师队伍的学历结构。从社会发展意义讲，博士研究生作为高端人才总是越多越好，不可能有过剩问题。但从市场运作的层面看，既然作为一种要素市场，就会因供求的对比不同，出现买方市场或卖方市场。经过近40年的努力，我国博士生培养能力不断提升，博士生培养规模不断扩大。现在每年博士研究生毕业人数达6万人左右。过去博士研究生毕业后，公办高校都会抢着要，现在每年毕业的博士研究生人数多，公办高校对博士生的需求相对饱和。虽然公办高校也还在引进博士，但许多高校把进人的标准定在国外知名高校、国内985、211高校的博士研究生。博士研究生由卖方市场转为买方市场，对民办高校教师队伍建设是一个机遇。民办高校应该抓住机遇，把引进博士研究生作为教师队伍建设的重要举措，通过人才引进，优化教师队伍学历结构，提高教师队伍整体水平。另一方面，抓住海外留学人员回国机遇，加大海外优秀人才引进的力度。改革开放以来，我国每年大量学生到国外留学。随着国内经济发展越来越好，对海外学生留学生毕业后回国工作的吸引力也越来越大，出国留学人员学成回国的越来越多。2015年，我国出国留学人员总数为52.37万人，各类留学回国人员总数为40.91万人。根据教育部官网公布的数据，1978年到2015年底，221.86万人完成学业后选择回国发展，占已完成学业群体的79.87%。大量海归人才回国发展，对民办高校教师队伍建设也是一个机遇，民办高校应抓住机遇，利用专业特色、人才政策和体制机制的优势，加大引进海外优秀人才的力度。在人才引进方面，民办高校体制机制灵活的优势，也有教师非事业编制导致教师待遇与公办高校教师存在巨大差距的劣势。民办高校在人才引进上应广开招聘渠道，加强与国内外高校、猎头中介、企业、政府之间的联系，宣传民办高校学科专业、体制机制、人才培养等优势；制定博士与高层次人才引进的特殊政策，在购房补贴、科研经费、股票期权、职位评估与聘任、家属工作、子女就学、补充养老保险等方面给予倾斜，吸引优秀博士加盟。同时还可采取客座教授等灵活的引进方式，积极推进与公办高校的教师资源共享，激励他们参与民办高校的学科专业建设和队伍建设。

2. 通过培养提高师资队伍水平

国际教育委员会在向联合国教科文组织提交的《国际21世纪教育委员会报告》中论述教师培训重要性指出：教师"在职培训在决定教

学质量方面的作用如果不是更大，至少也是和启蒙教育同样大"。对于民办高校来讲，加强教师的在职培训尤其重要。因为，民办高校教师毕业于传统高校，但他们面对的却是非传统的学生和非传统的培养目标和教学内容。为此，民办高校应当依据学科专业建设需要，结合教师个人成长目标和自身能力，制订有针对性的教师培训培养计划，向教师提供多元化发展措施，包括入职教育、师德教育、课堂学习、在职攻读学位、出国进修、企业外派实践、项目实践、在岗培训等多种学习形式，以提高教师队伍的水平。教育部《关于实施卓越工程师教育培养计划的若干意见》明确要求校内专职教师要具备工程实践经历，其中部分教师要具备一定年限的企业工作经历。民办高校应该有计划地选送教师到企业工程岗位工作1~2年，积累工程实践经验。通过实践培训，使教师既能将抽象、深奥、难懂的理论与实践结合，转化为具体形象的知识呈现给学生，同时能将自己掌握的理论知识应用到企业中，将技术理论产业化，帮助企业提高生产效率。民办高校对教师的培训不仅是对教师素质的培训，更要结合民办高校人才培养目标的要求有针对性地进行培训。根据民办高校人才培养目标，民办高校教师培训要重视"双师型"教师的培养。对基础课教师的培训，要有提高其学历层次方面的要求；对于专业课、实践技能课教师的培训，则不应盲目地追求高学历，而是要通过到企业实践、培训来实现教师实践技能的提高。青年教师是民办高校师资队伍的主体，必须重视专职青年教师的在职培训，为他们提升专业水平和增强专业实践能力提供更多的机会。要按照择优选派、分期安排的原则，通过定向、委培等渠道，较快地提高青年教师队伍的学历层次和专业能力，帮助青年教师尽快成长为合格教师。

3.强化激励机制提高师资队伍水平

民办高校应以提高教师能力为核心，协调教师与学校之间的目标和利益冲突，建立具有本校特色的成长环境，形成有针对性的发展性激励机制。第一，股权激励。在改善教师基本工资、福利待遇水平的基础上，推行股权激励。每个教师可入股投资，或者把个人业绩转化为投资股作为奖励，或将在校校龄转化为投资股，凡持股者都可以领发效益工资。通过股权激励，使教师能够分享学校发展的长远收益，减少人员的流动性，使学校的人才储备稳定增长。第二，分配机制激励。深化分配制度改革，积极探索以岗定薪、岗变薪变、优劳优酬的分配办法。科学地设计薪酬体系，确定薪酬标准，力争以相对领先的薪酬水平吸引、保留和激励学校的骨干教师。在学校内部，应以绩效为导向，以职位职责和员工能力为基础给付薪酬，并持续向高绩效、高贡献的人员倾斜。第三，职位管理与绩效评估体系激励。民办高校应依据自身办学定位和发展目标，构建以职位管理和绩效考核为基础的教师队伍管理机制。职位管理是为教师的发展提出标准和目标要求，包括职位设置与任职资格评估两部分内容；而绩效考核是对教师的现实表现做出评价，为持续改善和培养提供依据，其结果直接应用于教师的工资奖金、职位聘任、培训培养以及劳动合同续签和解除等。通过综合运用与协调推进，形成对教师发展的引导与约束、激励与竞争在机制，促进教师队伍水平的持续提升。第四，职称评审制度改革激励。改变唯论文为标准的现状，将专职教师的教学成果（包括教学研究成果、教学改革成果、课程建设、指导实习实训成果和学生学习成果等）作为民办高校职称评审的基本要求，使民办高校教师不断提高自己的教学水平和实践技能。第五，参与管理机制激励。民办高校领导者应健全民主管理机制，善于授权，让教师获得一定的自主权，鼓励教师以主人翁的姿态采取不同的形式参与到学校教学、科研、服务及管理等领域工作中，增强其主人翁意识。同时，要尊重教师的意见和建议，对教师提出的合理意见或建议应积极采纳，使教师感受到学校集体的一切活动都与自身息息相关，满足教师的贡献、参与、成就的需要，增强教师的荣誉感、责任感和使命感。第六，关心激励。建立以国家基本社会保障制度为基础，旨在为员工提供丰富、完备的福利保障体系，包括投保社会统筹保险（养老、医疗、失业、工伤、生育保险和住房公积金）等，以满足教职员工的基本社会保障需求。民办高校在管理过程中应加强感情投入，加强对教师的人文关怀，尊重教师的情感与人格，信任、关心教师，妥善地对待教师的情感表现，使其不受伤害，避免产生"被雇佣""被利用""被歧视"的消极心理。学校对教师应该平等相待，以诚相见，感情相通，使教师感受到家的温暖，借以增加教师认同感和归属感。

二、提高民办高校的教学水平

（一）提高教学水平对民办高校的重要性

高校以人才培养为目标，人才培养是衡量一所大学的核心的标准。提高人才培养质量，涉及教学、科研、管理、后勤服务等很多方面，其中教学对人才培养质量关系最密切最直接。学生到学校是来学习知识、接受教育的，而知识的获得和教育的进行主要是通过教学来实现的，特别是课堂教学有育人主渠道之称。因此，教学的质量如何，直接影响到学生的学习效果，学校的育人效果。正因为如此，高校在人才培养中普遍把提高教学质量放在重要位置。民办高校由于其自身的一些特点所决定，更应该把提高教学质量放在学校办学的突出位置。

首先，民办高校办学历史相对比较短。我国民办高校大都是在改革开放之后兴办起来的，办学历史不长，其中民办本科院校的历史更短。由于办学时间短，民办高校的社会认可度与公办高校相比还有一定的差距。针对办学历史不长的劣势，民办高校要提高自己的社会认可度，关键要靠人才培养的质量。学生是学校声誉的传播者和建立者，只要学校输送的学生为社会认可和称道，民办高校的社会认可度也可以在较短时期内得到提高。而要培养社会认可的学生，教学是其中最重要的一环。因此，民办高校应该重视提高教学质量，把它作为自己安身立命的大事来抓。通过提高教学质量提高人才培养质量，使民办高校就在激烈的市场竞争中立于不败之地。

其次，民办高校生源质量参差不齐。由于历史、体制等方面的原因，公办高校在政策、经费、社会影响等方面具有民办高校无法比拟的优势，因此，大多数考生优先选择是进入公办大学读书。加上受学费和社会认可度等因素的影响，一些考生往往是在不得已的情况下才到民办高校读书。从近几年招生实际看，民办高校招的大多是经过层层筛选后的学生，录取的分数线一般比公办院校低。民办高校民办高校生源质量参差不齐的状况，使得进入民办高校就读的学生总体素质比公办高校要低。面对生源质量参差不齐的状况，民办高校要培养高质量的学生，关键的是要在提高教学质量上下功夫。通过提高教学质量，使得民办高校培养出来的学生得到社会的承认，从而提高民办高校人才培养的质量和社会认可度。

再次，民办高校基本是教学型的高校。我国高校分教学型、教学研究型、研究型几种类型。如何区别这几种类型大学的不同呢？通俗地讲，研究型大学以科研为主，培养研究生为主。教学型大学以教学为主，培养本科生为主。教学研究型介于二者之间，教学科研并重、本科生和研究生培养并举。我国的教学型大学具有自己鲜明的个性特征，具体表现为：以本科教育为主体，主要履行人才培养和教育教学研究的职能，主要承担高等教育大众化的任务。教学型大学这个特点，决定教学在大学的特殊重要的地位。民办高校以培养高层次的应用型人才为目的，教学型大学定位符合民办高校的实际。民办高校教学型的定位，要求民办高校要更加重视教学工作，不断提高教学质量和水平。当然，民办高校也要进行科学研究，但一般而言，民办高校不能不切实际地把科研作为学校的中心工作。否则，可能失去民办高校的办学特色，削弱民办高校的竞争力。

就民办高校教学现状而言，虽然不少民办高校教学水平得到很大提高，口碑不断提升，但民办高校教育质量不高的问题依然突出。在民办高校中，有的不注重素质教育，忙于应试教育；有的一味追求规模效益，扩大招生数量，而疏于教学改革；有的只注重经济效益，对提高教学质量则不大上心；有的虽然努力想提高教育质量，但受限于办学条件，提高不大；有的教学管理缺乏规范性，教学秩序混乱。教学质量不高，导致民办高校毕业生的就业率和就业质量不高。据有关资料显示，一些民办普通本科高校毕业生的就业率和就业质量与公办高校差距甚大。一是实际就业率不高。一部分民办高校虽对外宣称就业率达到90%以上甚至100%，但实际就业率不足80%。二是专业对口率偏低。一些民办高校毕业生就业的专业对口率仅为50%多，大大低于公办高校。三是毕业生就业后的工资收入不高。一些民办高校毕业生就业后的平均月收入明显低于公办高校。四是就业单位主要以民营或个体等规模偏小的企业为主。如位于西安的某民办普通高校66%的毕业生就业于民营或个体企业，60%毕业生的就业单位规模在300人以下，其从事的职业主要为行政秘书、行政助理、零售售货员、销售经理、旅馆服务台职员、建筑技术员等[①]。民办高校教学质量不高的问题必须引起高度关注，要认真分析民办高校教学质量不高的原因，采取有效措施加以解决。否则，建设高水平民办高校的目标就难以实现。

---

① 王庆如，司晓宏.民办高校发展面临的"高原现象"探析：以陕西民办普通高校为
例 [J].高等教育研究，2011（11）.

（二）制约民办高校教学质量提高的因素

提高民办高校教学水平，首先明确制约民办高校教学质量提高的因素，只有找准"病症"，才能对症下药。制约民办高校教学质量提高的因素很多，主要有以下几个方面。

第一，教师数量不足、结构不合理、学历偏低、队伍不稳定、责任心不强。一是教师数量不足。特别是专职教师数量缺乏。教师数量不足导致了教师尤其是青年教师的课时量严重超负荷，而工作量过多又使得教师没有充分的时间备课，教学质量大打折扣。二是教师结构不合理。民办高校应用型人才培养目标要求有相当数量的实践型教师，但目前民办高校此种类型教师缺乏。很多民办高校的教师结构与公办高校差别不大，也主要是理论型教师。教师结构不合理还表现为教师年龄结构两头大中间小，这种年龄结构不利于教师之间的思想交流和学术交流，不利于教学水平提高。三是教师学历偏低。学历在一定程度上能反映教师的水平，教师学历低意味着接受高层次教育的缺乏，对提升教学质量不利。四是教师队伍不稳定。民办高校教师队伍稳定性差，教师的频繁更换不利于教学的连续性、一致性，影响教学质量的提高。五是教师责任心不强。教师责任心是决定教学质量的关键性因素。民办高校一些教师责任心不强，素质不高，使教学质量受到影响。

第二，科研困乏无法促进教学。教学是大学的中心任务，而科研是教学的"源头活水"。一方面，教学是科研的前提、源泉、动力，是科研的传播和验证；另一方面，教学又以科研为支撑。科研为教学提供新动力、注入新活力，使教学更有质量，更富内涵，更丰富多彩。著名科学家钱伟长曾指出，"教学没有科研做底蕴，就是一种没有观点的教育"。对科研的关注能够使教师及时将最前沿的学术成果不断充实自身，弥补原有课程知识与最新研究之间的"断层"。只有具备一定科研水平的教师，才能对教学内容有更为深刻透彻的思考，对相关知识有更为准确的把握，教学思路更加开阔，做到"深入浅出"，达到培养复合型人才的培养目标与规格要求。科研可以革新充实教学内容、提高教学质量、改进教学方法、促进教材建设，培养学生的创新能力。科研对教学的促进不局限于教学内容，在大学课堂中，科研能力强的教师对于学生影响更多的是他们思考问题的方式、严谨的科研态度和刻苦的学习精神。但不少民办高校却对科研缺乏应该有的重视，没有激励机制，误以为只要把教学搞好了就可以了，搞不搞科研无关紧要，殊不知放松了科研，教学质量不可能提高。科研困乏是制约民办高校教学质量提高的重要因素。

第三，经费匮乏、教学设施和条件落后。经费缺乏使相当部分民办高校难以引进与培养高水平教师，甚至对日常教学及实验实训环节等方面的投入也受到影响。一些民办高校的校舍、实验设备、图书资料等硬件设施普遍较差。据民办高教委对百所民办高校的调查，在被调查的103所民办高校中有102所民办高校校舍紧张，其中有70所（即占68%）院校长期租用校舍。有50%以上院校舍总面积不超过1万平方米；校舍总面积为1万~3万平方米的院校有33所，占32.4%；校舍总面积为4万平方米左右的院校有10所，仅占9.8%[①]。就实验设备的投入来看，43.3%的院校设备资产低于50万元。就图书资料而言，73.6%的院校累计藏书不足3万册[②]。教学设施和条件落后，成为影响民办高校提高教学质量的桎梏。一些民办高校不得不把主要精力放在"抓生源、抓资金"上，由此出现了"校园人满为患、教育质量令人担忧"的现象，民办高校的质量危机日渐凸显。

四是教学内容和方法改革进展缓慢。在高等教育改革中，教学内

---

① 桂丽，陈新.民办高校发展中的公平缺失与财税对策思考[J].学术论坛，2007（10）.
② 肖昕华.民办高职院校教学质量的影响因素分析[J].职业教育，2015（5）.

容和方法改革始终是改革的重点和难点。教育部颁布《高等教育面向世纪教学内容和课程体系改革计划》后，包括民办高校在内的各高等院校纷纷采取措施，对教学内容、课程体系、课程结构、教学方法和手段等方面进行改革，取得了一定成效。但仍然存在一些问题。从民办高校毕业生质量调研情况看，一些民办高校侧重于以理论知识培养教育为主的学科设置与市场对接有偏，课程教学内容老化陈旧，实践性差，跟不上时代发展的步伐。一些民办高校的教学仍以传统课堂教学为主，实践课程在整个课程体系中的比重较少，实践课程形式单调，综合化程度不高，不符合市场对高质量应用型人才的需要。

教学质量是民办高校的生命线。民办高校若想在公办高校占据主体地位的情势下异军突起，获得持久性的发展，必须实施以质量取胜的战略，其中最主要的是提高教学质量。然而，许多民办高校尤其是已形成了规模效应的民办高校，并没有自觉地认识到这一点，依然坚守着规模扩充、外延扩张的思维模式求发展，这是特别应当注意的。

（三）提高民办高校教学水平的对策

1. 加强师资队伍建设

民办高校的生存之道在于提高教学质量，而教学质量与师资队伍水平又紧密相关。因此，民办高校必须加强对教师的素质教育、能力培养，不断提高教师的业务能力和教学水平，构建一支高素质的专兼职互补的师资队伍。一是提高教师的专业水平。针对当前教师中普遍存在的承担教学任务繁重、知识更新投入不足等问题，应采取多种措施提高教师的专业水平。比如，每学年举办出每位教师参加的读书报告会、教学研讨会；实施学科带头人引领工程，帮助青年教师快速成长。根据教师的日常教学积累，在相互听课切磋的基础上，每年组织教学经验交流研讨会，促进相互学习交流、互通有无、取长补短，调动教师开展教学研究和教学改革的自觉性和积极性。通过开展科研工作，提高教师的学术水平和业务能力。二是加强师德建设。教师肩负着教书育人的重任，是青少年一代成长的引路人。爱岗敬业、关爱学生、淡泊名利、勇于创新，是教师职业道德的基本内涵，是教师最重要的素质。当一名教师具有良好的师德时，就会坚持学术道德，鄙视学术造假；坚持敬业爱生，鄙视玩忽职守，努力培养品学兼优的人才。打造有特色高水平民办高校，加强教师队伍建设，必须把师德建设挺在前面。下大力扭转过分重视科技等物质成果忽视精神、文化的现象，改变教师看重科研忽视教学的现象，让教师真正回归课堂，把上好每一节课切实当作自己的首要任务。

2. 推进教学改革

首先，提高教学水平。一是应努力推进课程体系改革。目前的课程只是从理论知识的基础性出发进行设置，没有体现出民办高校在技术和实践上的优势。为此，应对整个课程体系设置实施改革，通过社会、行业的需求来设置课程，推进由单一化的课程体系向综合性、素质型的课程体系转变。将实践类的课程纳入课程体系之中，文理渗透、学科交叉、强化职业技术能力的训练和培养，突出动手能力，实践能力等，从而培养社会真正需要的实践类人才。二是对传统学科界限进行突破。随着现代社会的发展，部门经济、行业经济的界限被打破，专业对口已被逐渐淡化，学生仅掌握某一专业的知识已远远不够。因此，课程必须综合化。教学内容与课程改革要跟上社会发展的需要，适应科学技术发展的需要，增强学生的社会适应能力。加大教材选优选新的力度，将反映现代科学技术的最新发展成果引入课堂。建立相对独立的实践教学体系，更新实践教学内容，适当压缩理论教学课程，提高实践教学比重。制订实践教学计划，统筹安排每学期实践教学环节。根据科学技术发展和社会经济发展的需要，及时调整和更新实践教学内容，多开设综合性、设计性实验课程，使培养的人才更加符合社会需要。

其次，从人才培养模式创新的要求出发，对原有的教学方式进行改革和创新。一是突出学生的主体地位。将学生作为学习过程的主体，坚持以服务学生的需求为导向，发挥好教师的引路作用，以学生掌握知识为目的进行教学活动。教学资源的选择应尊重学生实际情况，根据学生的兴趣爱好开展教学活动，在传统的课堂之外多开设一定数量的实践课，从而使教学取得事半功倍的实效。二是加强与学生之间的互动。在教学过程中，通过师生互动，强化学生的学习能力，真正掌握一门技能，是许多民办高校成功的实践。民办高校应坚持追求趣味性和实用性相统一，将教育教学改革贯穿于专业建设的全过程，集中有限的资源，在创新人才培养模式研究、教学方法手段改革、课程内容和体系改革、精品课程改革与研究、教材建设研究、实践实验教学改革、实践基地建设、专业培养方案修订等专业特色培育的各个层面不断创新，逐步深化。

3. 加强教学管理

提高教学水平，加强教学管理是重要手段。一是建立教育教学质量管理的评估体系。当前影响民办高校教学质量的其中原因之一，是教学质量评估体系不科学，把学生对教师的需求和评价作为唯一的尺度，使得教师采取消极态度被动地应付教学管理。要提高教学质量管理，保证人才培养的基本质量，必须建立健全科学的教学质量管理的评估体系。内容应包括对教学计划、教学大纲执行情况的评估，教学过程的评估，质量保证体系的评估和质量管理体系中人的因素的评估等。通过发挥教学质量评估目标导向功能，推动教学质量稳步提高。二是建立健全教学督导管理制度。通过完善教学监督体系，加强对教学工作的指导，提高民办高校教学质量，很有必要。除学校层面的教学督导外，学院层面也应成立学院教学督导组。教学督导员的条件一般应具有副教授以上职称或副处级以上职务从事过教学或管理工作，具有较丰富的教学实践和管理经验，责任心强，办事公正，坚持原则，有较高的政策水平，具有较强的组织能力和教学研究及教学指导能力。教学督导员工作职责是对全校的教学及教学管理工作进行监督、检查、评价和建议。深入课堂、实验室等教学一线检查、督导，协助学校调查、核实教学事故，并提出初步处理意见；根据学校需要开展专项检查，参与教育改革项目的论证及项目实施情况的检查评估。教学督导方法是对教学和教学管理工作进行随机性检查。采取听（听课召开座谈会听取师生的反映）、看（查看教学条件和管理软件）、查（抽查教案、学生作业、实验报告、实习报告、课程设计、毕业设计等）对教学条件、状态、效果进行评价等方法，客观地掌握教学内容、教学方法、教学环境是否符合教育教学改革的要求，是否严谨、规范，是否能从理论和实践的结合上注重提高学生的基本素质和基本技能，以此推动教学质量的提高。

三、提高民办高校的科学研究水平

（一）科研是提高民办高校办学水平的着力点

民办高校的发展既要期待于政策环境的改善，更应注重自身的建设。在高水平民办高校建设中，科研工作提高民办高校办学水平的一个重要的着力点。

众所周知，科研是高校的四大功能之一。科研水平是一所高校增强核心竞争力、提升学校品位的生长点，是其办学水平、人才培养质量、师资队伍素质的集中反映。高水平大学必定有高水平的学科专业和科研实力，没有一流的学科和高水平的科研成就，不可能建设成真正一流大学，科研能力与学科发展水平是衡量一所大学在国内外地位的重要标志。正因为如此，国内外高校都把提升科研水平作为建设高水平大学的重要任务。对高水平民办高校建设来说，提高科研水平同样十分重要。

第一，科研是提高师资队伍水平的关键。提高教师队伍水平，关键是要在科研上下功夫，薄弱的科研能力不利于师资队伍的成长和教学水平的提高，没有科研，就不会有优秀的师资。著名科学家钱伟长说："你不教课，你就不是教师；你不搞科研，你就不是好教师。"不搞科研，忙着捧书本上讲台是上不好课的，因为你没有自己的观点，不会选择内容。科研是提升教师业务水平在本学科领域深入发展、掌握学科前沿的条件。一名称职的教师，不能不搞科研。教师没有科研为积淀，没有学术交流为拓展，课堂效果再好，也只能维持浅层次的教学，难以满足学生进一步求知的需要。我国民办高校科研工作尚处于初步发展阶段，普遍存在着专任教师队伍建设任务重、时间紧、教师队伍成长性差等问题，甚至许多民办高校至今还没有产生自己培养的教授，其中一个重要的原因在于民办高校教师的科研能力和水平普遍较低。民办高校应该高度重视科研工作，要通过改革学校科研绩效评价机制、科技资源配置机制、学科带头人和学科梯队制度等，鼓励教师重科研搞科研，以此提高教师队伍的专业素质能力。

第二，科研是提高教育教学水平的支撑。教学方法改革和教学形式创新是提高教育教学质量的重要途径，也是高等学校教学模式改革的重要任务。教学模式变革、教学方法改革和教学形式创新都是科研的重要内容，科研是促进教学模式变革的推动力。当前民办高校正面临教育教学模式全面变革，目的是培养国家和地方急需的、高质量的应用型人才。先进的教学思想、教育教学模式、教学管理，依赖于教育科学的发展和科研的进步，依赖科研成果的不断累积。科研成果应用于教学模式变革的实践，可为教学模式变革提供指导，破解难题。教育教学改革需要冲破传统观念的束缚，实现教育思想、教育体制和机制、教育内容和方法的变革，教育教学模式变革，每一项改革措施的出台，必须经过科学的研究与论证，得出正确的结论，推进教改的深化和稳步发展。以科研为先导推进教学模式变革，是高校办学实践证明的成功经验，民办高校在教育教学改革过程中，应努力探索符合教育教学发展的客观规律，用科研成果推动教学模式加速转变，不断提高教育教学质量。

第三，科研是提高人才培养质量的保障。民办高校育人的基本方向是要把求知欲强、富有发展潜力的大学生培养成为具有创新能力的高素质的应用型人才，科研则是达成这一目的的有效手段之一。首先，教师肩负人才培养的重任，要使学生成为高素质应用型人才，教师自己要是高水平的应用型教师。没有科研，没有对新技术、新材料和新工艺的钻研，教师就难以成为高水平的"应用型"教师。教师培养高素质应用型人才，需要时刻追踪本专业相关领域在国内外的最新研究进展，把握科技发展的脉搏，让自己做到与时俱进，这就需要从事科研工作。教师不做科研，知识的更新速度跟不上科技发展的步伐，所授课程与时代脱节，培养"应用型人才"的目标就会落空。其次，科研也能激发大学生创新精神。课堂教学是高校教育基本的组织形式，也是教师进行教学的主渠道。传统的育人模式以教师为中心，以灌输式为主要形式，压抑了学生的创新热情，影响了优秀人才的思维潜能和实践创新能力的发挥。要改变这种局面，就必须以科研为突破口，开展研究性学习。既发挥教师引导作用，又最大限度地满足大学生求知兴趣、激发求知求新的热情，培养自学能力和创造性思维能力，使大学生在研究性学习过程中既知其然，又知其所以然，从单纯掌握书本知识到掌握科学的学习方法和研究方法，依靠自己的大胆思索，独立地发现和猎取新知识、新思想、新技能，成为高素质的应用型人才。

第四，科研是提升办学层次的基础。办学层次是衡量民办高校办学水平的标准之一。民办高校创建高水平高校，应该努力提高自己的办学层次。换句话说，民办高校不仅培养本科生，而且要积极争取培养硕士研究生甚至博士研究生。但提高办学层次，不能好高骛远，必须考虑这所院校的综合实力和可持续发展的潜力，也就是要具有不断提高办学层次的能力。高等教育发展规律告诉我们，办学层次的提升，必须以雄厚的科研实力、高层次科研成果作为铺垫。不管是开展专业硕士、博士教育，还是学术型研究生教育，其中一个重要前提条件就是学校已经沉淀积累了一大批本学科高质量的科研成果。只有以科研成果为支撑，民办高校的优势学科才能形成自己的学科方向、构建学科队伍、构建学科基地，积淀学术成就，培育精品课程，打造特色专业，为成功申报硕士点、博士点奠定坚实的学术基础，实现学校办学层次的提升。从一定意义上说，科研是高校发展的第一生产力，是形成学校丰厚学术成就、形成办学特色、打造学校知名品牌的重要途径。科研是大学的基本职能，没有科研的民办高校意味着办学职能的不完善；没有科研成不了大学，更成不了高水平的大学。从办学实践来看，没有科研，教学工作的质量难以保证和提升。

在高等教育大众化深入发展的进程中，民办本科院校将越来越多，其办学质量也将越来越成为社会关注的热点。民办高校要在众多的民办高校中脱颖而出，并且与公办高校一争高低，必须把科研工作放在更加重要的位置，通过科研提高教师队伍素质，提高教学质量，提高人才培养水平，提升办学层次。

（二）影响民办高校科研水平提高的主要原因

目前许多民办高校对科研工作越来越重视，采取了诸如加大科研经费投入力度、制定科研鼓励政策、引进学术带头人、加强科研团队建设等措施，有效地提升了科研水平。但是也应该看到，由于受历史和现实等诸多因素制约，民办高校科研水平和能力总体比较薄弱。2012年12月，浙江树人大学中国民办高等教育研究院和武汉大学中国科学评价研究中心共同发布了《2012中国民办本科院校科研竞争力评价研究报告》，该报告从论文、课题、专利、奖励等维度，对全国84所民办本科院校2010—2011年科研发展状况进行了定量分析，并确定了排名。从本次发布报告的相关数据来看，民办高校绝科研上存在"五少"问题。一是论文发表数量偏少。根据《2012中国民办本科院校科研竞争力评价研究报告》，87所民办本科院校2011年共发表论文12794篇，校均147篇；发表论文数最多的学校有近900篇，但不到50篇的也有23个学校，甚至有3个学校一年发表的论文还不到10篇。在CSSCI期刊上发表的就更少，其中有50所院校的记录是0篇，32所学校少于10篇，只有2个学校发表论文在30篇以上。二是高层次的课题偏少。从民办高校主持的课题来看，2011年民办本科院校共获得2项全国哲学社会科学基金规划项目、12项国家自然科学基金项目、1项全国教育科学规划教育部重点课题、13项教育部人文社会科学规划项目、2项国家星火计划项目。所获得项目数量占全部高校所获得项目数量的比例与民办高校的数量占全国普通高校的比例形成强烈的反差。三是发明专利偏少。专利是衡量一个高校技术创新贡献能力的重要标志之一。通过查询国家知识产权局网站发现，只有10个民办本科院校在2011年获得了发明专利授权。四是高层次的科技奖励偏少。除少数学校外，基本上处于空白。五是课题经费少。从了解到的科研经费状况来看，像浙江树人大学和西京学院年经费破千万的院校凤毛麟角，有的民办高校年科研经费就几十万元。

民办高校科研工作滞后有隶属于现实，内部与外部很多方面的原因，从民办高校自身来讲，主要又包括三点。

第一，认识不到位，对科研工作重视不够。民办高校在市场大环境中成长，按教学成本收费，市场意识和经营效益意识比较强。由于科研成本高，短期收益不明显，一些民办高校投资举办者因此不重视科研工作。有的民办高校的领导认为，作为"教学型"大学，民办高校把教学搞好就可以了，科研工作要不要无关紧要。有的民办高校把教学与科研对立开来，认为民办高校的中心工作是教学，抓科研会影响甚至"冲击"教学。有的认为，民办高校定位是应用型高校，不具备搞科研的条件，无法开展科研工作。一些民办高校工作重心放在教学上，对科研工作重视不够，研究不够，投入不够。一些民办高校教师没有认清科研对一个高校教师职业生涯的极端重要性，部分的教师认为民办高校搞科研是不可能的，是浪费时间，认为科研会使教学受到冲击，完全否定了科研对民办高校建设的重要性和必要性。科研工作在相当多的民办高校中没有它的一席之地，用科研发展学科、用科研反哺教学的意识还没有真正确立。

第二，师资结构不合理，没有形成教学与科研相结合的师资队伍。民办高校最初的定位是教学，就是在学校专升本后也主要以教学为主。民办高校为了提高师资建设，聘用了太多兼职老师，有的民办高校兼职老师的比例高于80%。同时，民办高校建校时间短，为了建立专职教师队伍，从高校毕业生中招聘大量的年轻教师。这造成了民办高校的教师队伍年龄上两头大、中间小的"凹"字形状况，就是年纪大和年纪轻的教师多。从职称来分析，也就是两头高，中间低的"凹"字型状况，聘请的兼职教师高级职称多，新入职的年轻教师初级职称的人数比较多，而中坚力量的主力教师，也就是讲师与副教授以上职称的教师数偏少。聘用的大量的年纪大的兼职老师，主要任务是从事教学，弥补教学人手不足，科研不是主要任务，年轻教师以本科毕业为主，少量硕士研究生毕业，他们缺少科研工作的训练和经验，一些人能力有限，对科研工作感到无从下手。师资结构上的问题，使得民办高校科研人才不足。加上民办本科高校大多是规模超万人的巨型大学，专任教师数量少，很多教师教学任务重，也难以顾及科研，也导致了民办高校教师重视课堂教学工作，不大关注科研工作的倾向。

第三，科研组织机构不健全，科研管理制度不完善。由于不重视科研工作，一些民办高校的科研机构不健全，管理人员不到位，科研配备不完整。有些民办高校长期没有设立科研处，有的院校把科研处附设在研究所里面，甚至附属于教学督导办，还有些民办高校把不懂科研工作的党务干部派去主管科研，外行领导内行。特别是二级学院（部）科研工作无专人管理，科研团队无法形成。科研工作管理制度不健全、不规范，缺少有力度的激励与约束机制。科研工作缺乏组织和制度保证。尽管政府教育主管部门一直在抓民办高校的科研建设，实施了各种"科研能力提升计划"。但是，有的民办高校科研仍然处于徘徊观望状态。一些民办高校为应付教育主管部门的检查，简单第制定几条管理制度或应急措施，检查一过就束之高阁，没有健全系统、规范的规章制度体系，没有建立有力的激励和考核机制，致使科研管理水平低下，校园里学术气氛淡薄。大部分民办高校科研经费投入不足，除对部分专业有一定科研经费投入外，对其他专业的科研投入很少，有的甚至完全没有。所有这些，都对民办高校的科研工作造成不利影响。

（三）加强民办高校科研工作的对策

1. 转变思想观念，增强科研意识

民办高校领导和各级管理部门，要认真学习《国家中长期教育改革和发展纲要（2010—2020年）》等文件精神，充分认识科研工作对创

建高水平民办高校的重大作用，牢固树立"科学发展，科研先行"的教育理念。各级领导要做到思想上重视科研，工作上狠抓科研，行动上带头科研。学校科研管理部门，要通过各种方式，如通过国内外成功高校的办学案例和经验宣传科研对提高学校核心竞争力的作用，提高教职工对科研工作重要性的认识；要改变把科研看成是公办高校的事情，民办高校教师只要搞好教学工作就可以的观点，正确认识科研与教学的辩证关系，反对把民办高校科研和教学割裂开来和对立起来。引导教师正确认识科研工作是教学的重要组成部分，是提高教学质量的重要支撑。教师要正确处理教学与科研之间的关系，并且根据自己的专长进行科学研究。要充分认识科研工作不仅在提高教学质量上起着重要的作用，而且对于学校的长远发展和提高学校竞争力都起着非常重要的作用，自觉去掉单纯教学观点，强化科研意识、激发科研潜能，增强科研责任感和使命感，为推动科研工作持续发展奠定思想基础。思想是行动的先导，只要教师转变了思想观念，提高了对科研的认识，就能产生"内化于心，外化于行"的效果，积极参与到科研工作中来，民办高校科研水平也就会不断提高。

2. 加快科研人才队伍建设

与教学工作一样，搞科研也是实实在在的工作，也需要团队的力量。民办高校要努力搭建学科科研梯队，凝练科研主攻方向，从学科的综合、交叉出发培育科研特色，促进多种信息和思想的相互交流、交叉、融合，建设优秀高效科研团队。从目前民办高校实际来讲，在现有的教师结构基础上欲在短时间内建立一支高水平的科研团队，对大多数民办高校来讲是困难的，为此，民办高校的科研团队建设应从实际出发，以创新思维来进行，如可以从打造综合型的具有较高水平的科研团队出发。民办高校的科研团队的建设，应坚持"内培、外引和联合"三管齐下，可以聘用校外部分经验丰富的教师作为编外科研团队的重要成员，以解决教师队伍科研能力不足的问题，同时积极引进学科带头人，解决科研带头人缺乏的问题，并充分发挥现有校内高层次人才和骨干教师的作用，充分兼顾教学和科研的双重需要，使专职教师能在学校科研工作中发挥积极作用，形成结构合理的科研团队。民办高校在科研团队的建设中，要注意培养团队成员的协作意识和协同作战能力，形成团队合力。科研管理部门要组织引导，有效激励，实现以老带新，促进现有教师特别是年轻教师的快速成长，推动学科科研梯队。

3. 创新科研管理体制，建立起有效的激励约束运行机制

民办高校一些专职教师教学任务重，科研经历浅，开展科研工作比较困难，对科研工作积极性不高。为此，要建立起有效的激励和约束运行机制，调动教师参与科研和科研团队的积极性。如推行评价考核制度和淘汰机制，提升科研团队的竞争力，避免出现团队数量多，真正有优势的团队少，以及团队成员多但组织松散的现象。创新科研管理体制，根据教师的实际提出科研工作的刚性要求，"逼"教师搞科研。运用优惠的利益机制，如职称、晋级、分配等方面适当地向科研倾斜，引导教师搞科研。为教师搞科研创造良好的环境，包括时间、空间、经费等，使教师愿意在科研上投入。建立完善有效的科研考核制度，尤其是将各二级学院（部）及其专职教师每年的科研工作量完成情况列入年度考核指标，将完成情况和收入分配直接挂钩，将教师的科研工作量和年终考核、职称评定、职务晋升、个人评优等项工作结合起来，且作为重要的依据。对科研做出成绩的个人和团队要实施奖励，尤其要重奖高层次科研成果，通过有效的制度支持，激发广大专业技术人员的科研积极性，激励他们获取高质量、高层次的学术成果。注意解决教学科研相结合方面机制转变和创新的问题，推进教学、科研体制改革的探索，寻找教学、科研互相作用及良性互动的运行机

制。制定教学科研一体化管理制度，正确处理教学科研相互结合问题。

4. 加大科研工作人财物的投入

科研起步时尤其需要从人财物等多方面投入，表面上看这是在做"赔本买卖"，但实际上对提高学校声誉、提高办学层次都有好处，特别是在打开科研工作局面之后好处更大。为此，应加强对科研工作的人财物的保障。为保证科研工作的顺利进行，可以设立科研基金，主要用于培养中青年科研骨干、奖励重大科研成果、引进高端科研人才。研究机构是科研工作的重要平台，目前一个普遍的现象是相当部分的研究机构没有发挥相应科研平台的作用。由此，一方面应加大研究机构的建设和整合力度，围绕学科专业建设来搭建研究机构；另一方面对这些研究机构进行相应的人财物投入，做到组织人员落实、经费落实、任务落实。研究结构要配备专门的管理人员、研究人员和必要的研究设备，鼓励大家开展各项研究活动，多出高层次的科研成果。搭建科研平台，为教师开展科研创造条件，支持大学生参与科研活动。科研制度的建立与健全是构建良好科研氛围的根本保障，为确保科研工作有条不紊、扎实有效地进行，民办高校应建立健全科研管理制度，完善科研奖励与科研经费管理条例，指导从每一个环节上为科研提供保障。通过健全科研制度，加大对科研经费的投入，保障科研所需要的费用。政府应更加关心民办高校科研工作，加大对民办高校科研工作的支持力度，改变以往科研的申请经费拨与付的方法，创新民办高校申请科研课题项目的方法，形成有利于民办高校科研项目的申请条件，从技术上也从本质上提高民办高校的科研能力。

5. 营造浓厚的学术氛围

民办高校要采取措施努力形成科研的良好氛围。比如，经常举办学术报告会、项目研究讲座、专题研讨会、成果发布会，定期开展科研评奖、重奖重大科研成果等活动，提高校园学术创新意识，形成尊重知识、尊重人才、尊重劳动、尊重创造的氛围，建设崇尚科学、敬仰创新的校园文化。这种氛围和文化，对于教师成名成家、报效祖国具有强烈的激励作用，对于大学生创新意识、科学精神培养以及先进世界观、人生观的磨砺具有引导作用。实践表明，自学术研究进入大学殿堂，科研在大学校园中占据愈来愈重要的地位，发挥愈来愈重大的作用，崇高的学术声望，已经成为一所知名大学的"通行证"，加大科研力度是创建高水平民办大学的必由之路。学校出现的每一项科研成果，涌现的每一位名师，都是对全校师生刻苦钻研、好学上进学风的一大激励，对崇尚科学、崇尚创造校风的最好褒奖和弘扬。这也使得校园文化的学术气氛日益浓烈，使校园文化内容更丰富多彩。科研成就能使校园文化更加丰富和更好的发展，健康向上的校园文化也可以为科研创造良好的学术环境，催生浓烈的学术氛围，成为激发师生科研兴趣、科研积极性的强大精神力量，进而推进学校整体工作的不断前进。

6. 推动科研与社会服务的结合

大学的特色是在与社会的互动中形成的，高校办学特色的价值取决于其为社会发展做出的被社会广泛承认的实际贡献的大小。开展服务社会的科学研究、成果转化和技术开发是民办高校科研，这是高校科研的重要特色，也是民办高校科研发展的现实之路。民办高等学校要利用学校应用型学科优势，与所在地区社会、经济发展有机结合，面向当地社会经济发展需求，加强应用型科学研究，发挥民办高校服务于地方的作用。只有努力通过将研究成果转化为现实的生产力，才能更好地面向社会、面向行业开展服务，从而有力地支撑和促进当地社会经济的发展。同时，增强学校自我发展能力，得学校自身生存与发展的空间。事实上，国内许多科研实力比较强的民办高校的科研走的就是这条道路。比如，浙江树人大学积极发挥浙江优势，努力扩大两岸茶文化交流与合作，建立了茶文化研究与发展中心。由该中心承接的《茶文化在遂昌茶叶经济发展中的应用研究》项目，将学校的专业优势与效益农业的开发相结合。不仅创建和打响了"龙谷丽人"茶叶品牌，成为省名牌产品，还实现了遂昌县茶叶产值从4000万到1.2亿的经济目标，为浙江省广大山区茶农致富提供了示范途径。此外，浙江树人大学还积极举行中日茶文化与茶经济学术研讨，为浙江茶文化的发展做出了巨大贡献。民办高校要深化校地合作、校所合作、校企合作，学校与地方、企业、科研院所深度合作，以产业需求及技术发展为导向，共同成立研发中心，组建创新团队，研究解决企业发展中的关键技术问题，着力构建产业技术创新平台。构建合作科研项目、技术开发、实验室建设、人才培养合作机制。通过建立产学研战略联盟，为地方经济社会发展提供所需要的关键技术支撑，成为企业技术进步的后盾和依托，并依托这些高层次人才培养平台，及时将科研最新成果融入教学，开阔学生的视野，提高学生的创新能力和科研水平。

四、提高民办高校党的建设工作水平

中国共产党的领导是中国特色社会主义最本质的特征。民办高校作为我国社会主义教育事业的重要组成部分，肩负着培养社会主义建设者和接班人的重任。2018年5月2日，习近平总书记在北京大学师生座谈会上明确指出："加强党的领导和党的建设，加强思想政治工作体系建设，是形成高水平人才培养体系的重要内容。要坚持党对高校的领导，坚持社会主义办学方向，把我们的特色和优势有效转化为培养社会主义建设者和接班人的能力。"这是对建设中国特色世界一流大学的要求，也是建设有特色高水平民办高校应当遵循的原则。必须加强党的建设，坚持社会主义办学方向，贯彻党的教育方针，紧紧抓住培养社会主义建设者和接班人根本任务，提高民办高校党建工作水平，为建设特色高水平民办高校提供坚强的政治保障。

我国民办高校党的建设是伴随民办高校的创办发展过程而逐步建立健全起来的，也可以说，民办高校从初创到规模发展，离不开学校党建工作的作用。党的十一届三中全会以后，国家鼓励社会力量发展教育事业，成效斐然。但民办高校创建时期，并没有相应地及时建立党的组织，有的虽设立了党支部但组织活动很不规范。20世纪90年代民办高校进入规模发展期，国家明确规定民办学校要建立党组织、共青团和工会组织，民办高校逐步着手建立健全党组织，发展党员，开展党的组织活动，但党的组织关系有的尚不明确。进入21世纪后，民办高校分别经历了快速发展、规范发展和"质""量"并进发展新时期，民办高校党的建设也相应呈现出组织设置日益健全，活动日益规范，工作水平日益提高的态势。民办高校这种历史发展过程也充分显示加强党的建设是我国民办高校发展的重要内容。

（一）民办高校党的建设的特殊性及对党建工作的影响

作为非公社会组织，投资主体不同，创办时间不长等原因，民办高校党的建设相对比较薄弱，存在一些先天不足，与公办高校比有明显的特殊性。

第一，党组织地位的特殊性。民办高校由于资金来源、产权性质与公办高校存在很大差异，因此，在领导体制上实行的是董（理）事会领导下的校长负责制。与公办高校党组织领导地位不同，民办高校党组织不是领导核心，而是起政治核心和监督保证作用，即保证学校发展政治方向，引导学校全面贯彻党的教育方针，执行党的理论和路线方针政策，依法办学，规范办学，保障学校的各项任务能够顺利完成。在作用形式上主要是党组织负责人进入学校决策和管理层，按照"参与不干预、支持不拆台、引导不强制、监督不迁就"的原则，领导党组织的活动，增强党组织与学校的凝聚力和向心力，推动学校发展。

第二，党组织工作职责的特殊性。公办高校党组织的主要职责，是讨论决定学校改革和发展以及教学、科研、行政管理等工作中的重大问题，按照干部管理权限，负责干部的选拔、教育、培养、考察和监督，党组织起领导核心作用。而民办高校党组织的主要职责是支持学校董（理）事会和校长依法依章行使职权，参与学校改革发展稳定和事关师生员工切身利益的重大事项决策，帮助学校健全章程和各项管理制度，参与人事管理和服务，加强党组织自身建设，做好发展党员和党员教育、管理、监督、服务工作。

第三，党员构成和管理的特殊性。民办高校教职员工许多是从其他单位聘来的，或者是退休后过来的，一些党员的组织关系并没有转到工作的院校，民办高校用人制度自由性较强，一般采用合同聘任制的用工制度。这种用工制度使得一些原来已是党员的同志不愿将组织关系转入受聘学校，以致出现不少"口袋党员""地下党员"。民办高校教师党员总量相对于公办高校不仅总量少且较为分散。党员的组织管理存在不确定性。

第四，组织机构和党务干部配置的特殊性。民办高校适应市场经济竞争的需要，追求以最少的机构获得最高的效率，党务工作部门及党建工作的干部配备，基层党组织的建立及人员安排的数量，都少于公办高校，有很多岗位是采用专兼职相结合的形式。在党务干部配备方面，民办高校往往上至学校党委副书记、委员，下至各基层党支部的书记、委员，大都是在学校担任行政管理职务的人员，专职的党务部门干部较少。因此，党政干部身份的一体化是民办高校党建工作的一个鲜明特色。

第五，党组织隶属关系的特殊性。民办高校的办学主体成分复杂，党组织的主管部门比较分散，有的隶属于属地教育行政部门党组织，有的隶属于企业集团，或挂靠社会管理部门党组织，呈现分散性和多样性。

上述特点是由民办高校属性决定的，给党的建设带来相应的影响。

首先，党建工作得不到应有的重视。民办高校是由多种投资主体融资办学或独资办学，民办高校的举办者，出于学校生存发展的需要，一般都重视关注资金、校舍、师资、生源等，对学校党建工作和思想政治工作则相对忽视，或者口头重视，实际行动不多。对党建工作认识不高、重视不够、支持不多，导致有的民办高校在开展党建工作方面存在不少困难。有些学校董（理）事会成员特别是董（理）事长虽然自身事业心等素质能力很强，但由于对民办学校建立党组织存在模糊认识，对党组织的设置及其作用的发挥认识不深，认为投入在党建工作上不如投入在基本建设上效益明显，从而影响和制约了对学校党建工作的关心支持和配合。各级党委直至学校，也一度存在忽视民办高校党建工作的现象，有意无意把民办高校的党建工作划归另类对待。民办高校的举办者来自不同的社会背景，投资办学的理念和思想基础的差异较大，对党组织所持的心态也不同，给学校党组织在学校的地位带来不同的结果。

其次，党组织作用难以发挥。民办高校是独资办学的学校，重大问题的决策基本上由董（理）事长一人决定，党组织参与决策并发挥监督、保证作用比较有限。虽然建立了党政联席会议制度，但研究讨论的事项往往要经董（理）事长再核准，董事长认识不同，或拖而缓批，或拖而不批，决策力和执行力就打折扣，不能形成专家治校的管理特色和优势。党组织缺乏进入学校决策和管理层有效发挥作用的机制，难以找到发挥作用的切入点。党组织游离于决策管理之外，在学校中的政治核心作用的发挥也受到限制。同时，由于民办高校党务工作人员多缺乏党建工作经验，且待遇较低缺乏工作积极性，以及用人机制负面因素的束缚，党组织活动的作用也难以充分发挥。

再者，党组织机构设置、人员和活动条件难落实。一段时期内党的建设条件保障难以到位。中组部、教育部党组先后下发的《关于加强社会力量举办学校党的建设工作的意见》和《关于加强民办高校党的建设工作若干意见》规定：社会力量举办学校党组织工作机构的设置和党务工作人员的配备，由学校根据工作需要确定；根据党员人数和工作需要，民办高校一般设立党的基层委员会。党组织应本着精干、高效和有利于加强党的建设的原则，设立办公室、组织部、宣传部和纪律检查等工作部门，配备必要的工作人员。但在实际工作中，民办高校的用人机制强调精干简练，在党组织工作机构和党务工作人员配置方面并没有完全按有关文件规定设置。部分学校成立党组织也只是为了应付上级的要求。在有党组织的学校，党务专职干部编制人员普遍偏少，党建工作和思想政治教育工作缺乏人员保障。在机构组成上，追求以最少的机构获得最高的管理效率，往往优先考虑人事管理、教学管理、学生管理和后勤管理等部门，党务管理部门的建立多相对滞后；在人员安排上，更注重教师的引进和培养，对管理人员特别是党务工作者队伍的建设和提高则往往被忽视。此外，受自身办学条件限制，对党组织的办公条件、活动经费、活动场地大多没有落实。在活动经费上，尽管也有民办高校把党组织活动经费列入了学校的年度经费预算，或有一定预算额度，但实际中往往执行不到位。党组织在办公、经费和活动条件都难以保障的情况下工作，时常出现"无米之炊"的窘状。

最后，党的建设水平难提高。由于党建工作在民办高校重视不够，保障条件不到位，导致党建工作开展受限制，工作水平难提高，党员发展往往只注重数量，忽视质量，降低标准，程序不规范。党组织活动形式的东西多，收到实效少，时紧时松，存在随意性；党的活动内容缺乏计划和系统性，加之内容简单、陈旧，以至工作实效不明显，得不到党员的认可，难以提高党组织的凝聚力和调动党员的积极性。不少素质高、业务能力强的党员不愿意从事党务工作，导致党组织的工作开展不畅，"错位"与"越位"现象时有发生，党组织的工作处于不规范和无序的状态。

（二）加强党的建设对于建设高水平民办高校的重要意义

第一，有利于保证民办高校办学的正确方向。尽管民办高校有其特殊性，但与公办高校一样，都是社会主义教育事业的组成部分，必须坚持社会主义办学方向，而由于民办高校不是政府投资，经费主要来自个人和社会筹集，使得学校在办学的自主性上意识较强，面临激烈的社会竞争，更多地关注市场需求，导致办学方向、办学行为上容易产生偏差，影响学校健康发展。加上民办高校党组织建设不健全，党建工作滞后，党组织政治核心作用发挥不够，对民办高校投资者监督引导乏力，一段时间里办学行为不规范的现象抬头，因学籍、学历、收费等问题引发的群体事件频发不断。基于此，必须认真贯彻落实中共中央办公厅《关于民办高校党的建设工作的意见》（中办发〔2016〕8号）精神，充分认识加强民办高校党的建设的重要性和紧迫性，明确民办高校党组织的职责，首要的是保证政治方向，宣传贯彻执行党的理论和路线方针政策，贯彻执行党中央和上级党组织的决议，引导民办高校全面贯彻党的教育方针，依法办学、规范办学、诚信办学，坚决反对否定和削弱党的领导，反对西方所谓"普世价值"等错误思潮传播，反对腐朽价值观念。切实加强民办高校党的建设，充分发挥党组织的政治核心作用和战斗堡垒作用，确保民办高校社会主义办学方向和教育公益性原则，促进民办高校健康可持续发展。

第二，有利于保证民办高校人才培养质量。我国民办高校与公办高校一样，都承担着立德树人的根本任务，都是培养中国特色社会主义事业建设者和接班人，都要加强学生的理想信念教育，重视学生的社会主义核心价值观的养成。由于各种因素，民办高校办学水平和人才培养质量参差不齐，有的单位为盈利而不顾及教学和育人质量，出现损害民办高校社会声誉和形象的现象，有的打擦边球，不顾办学条件盲目扩大规模，影响教育教学质量，甚至出现考试作弊、滥发文凭等违纪违法现象。因此，在民办高校加强党的建设，党组织依法依规积极参与学校教学改革发展稳定的重大事项决策，参与学校人才培养和管理工作，帮助学校健全章程和各项管理制度，引导学校全面贯彻党的教育方针，规范办学行为，有利于促进学校提高教学质量，培养合格人才。

第三，有利于保证民办高校形成良性发展环境。民办高校的发展离不开良好的环境，包括外部政治生态和内部人文环境。我国现行的教育体制是作为执政党的中国共产党对各种教育活动、教育立法、教育行政和教育鉴定等进行领导的直接体现。民办高校要确保可持续发展，离不开党的领导和国家相关部门的扶持。加强民办高校党的建设，有利于民办高校拥有良好的政治发展环境，取得政府部门的支持。从内部讲，稳定和凝聚力是学校生存和发展的重要因素，民办高校由于自身办学条件不足，导致抗风险能力较弱。由于要收取较高的学费，使得民办高校学生对教育的消费观念有更加强烈的诉求，当对学校硬件设施等条件的期望值与现实产生反差的时候，他们表达自身权利的诉求便变得异常强烈，滋生不稳定的因素。同时，学校育人还离不开优良的学习氛围、健康的思想导向，离不开教职员工的责任心和凝聚力。加强民办高校党的建设，把思想政治工作贯穿学校工作各个方面，贯穿教育教学全过程，密切联系、热情服务师生员工，关心维护他们的正当权益，统一思想，凝聚人心，化解矛盾，增进感情，激发教职工主人翁意识和工作热情。同时，正确引领校园文化，推动形成良好校风教风学风，以校园文化建设为重要抓手，实现党建工作的文化使命，以学校发展的共同愿景带领师生共谋发展。

（三）加强党的建设，进一步提升党建和思想政治工作水平

建设高水平民办高校，需要从多方面努力，包括党的建设和思想政治工作方面。要从民办高校实际出发，积极探索党组织和党员发挥作用的途径和方法，切实提高民办高校党建工作和思想政治工作水平，为建设有特色高水平民办高校提供坚强的政治保障。

第一，要充分认识民办高校加强党的建设的重要性和必要性。民办高校党的建设与思想政治教育工作如何，取决于学校举办者和董（理）事会成员的素质及他们的认识水平。应加强理论学习，从中国共产党的领导是中国特色社会主义的最本质特征的高度，认识到加强党的建设是我国民办教育的本质特征，是题中应有之义，是新形势下习近平治国理政新理念新思想新战略和全面从严治党战略布局在教育系统的体现。同时，真正认清和把握民办高校党组织的地位和作用。民办高校与公办高校相比，既有共性，又有其特殊性，共性是在学校事业发展中，都起着凝聚力量和模范带头的促进作用，特殊性在于起政治核心作用而不是领导作用，是在办学方向、办学行为上起监督保证作用，而无论共性和特殊性的作用，对于保证民办高校健康有序发展，都具有不可替代的重要作用。民办高校举办者和董（理）事会成员只有真正认识到党建工作的重要性，内化于心，才能外化于行，真正重视和支持学校党的建设和思想政治教育工作，为工作开展提供各种条件。

第二，建立健全党的组织结构，人员配备合理，素质较高，党建工作条件有保障。在民办高校实现党的组织全覆盖，具有3名以上正式党员的就要按照党章规定建立党组织，并按期进行换届。优化教师和学生党支部设置形式，加强教师党支部建设，将全面从严治党要求落

实到每个教师党支部和教师党员。探索学生党建工作向最活跃、最具创新能力的组织单元拓展，把大学生党支部建在班级。在教学岗位和服务岗位建立教职工党组织，同时按有关规定建立健全党的工作部门，配备相应力量从事党的组织、宣传、纪检、统战等方面的工作，并选配综合素质较高的工作人员。明确民办高校党务工作队伍具有教师和管理人员双重身份，纳入学校人才队伍建设总体规划。兼职从事党务工作的人员，应计算工作量。切实强化党建工作基础保障，按照生均不低于150元的标准将党组织活动和思想政治工作经费列入学校年度预算，保证党组织工作有人员，有经费，活动有场所。

第三，理顺民办高校党组织领导体制，充分发挥党组织政治核心作用。建立健全党组织参与决策和监督机制。坚持党的领导与依法治校有机统一，完善以学校章程为核心的法人治理结构，把党组织建设有关内容纳入学校章程，明确党组织在学校法人治理结构中的地位，保证党组织在重大事项决策、监督、执行各环节有效发挥作用。党组织班子成员要进入学校决策层和管理层，党组织书记应通过法定程序进入学校董（理）事会，党组织班子成员应按照章程进入行政管理层，党员校长、副校长等行政班子成员，按照党内有关规定进入党组织班子。涉及学校发展规划、重要改革、人事安排等重大事项，党组织要参与讨论研究，董（理）事会做出决定前，要征得党组织同意。涉及党的建设、思想政治工作的事项，要由党组织研究决定。学校院系级基层党组织在实行交叉任职基础上，实行党政联系会议制度，讨论决定本单位的重大事项，保证社会主义办学方向和立德树人根本任务在基层得到落实。

第四，实现民办高校党的组织活动和管理常态化制度化，创新工作方式，基层党组织的战斗堡垒作用和党员的先锋模范作用充分发挥。结合民办高校的实际，实现"两学一做"学习教育和党组织活动常态化制度化，组织党员认真学习习近平新时代中国特色社会主义思想，学习党章党规等，把党的政治建设摆在首位，用习近平新时代中国特色社会主义思想武装头脑，教育党员坚定理想信念，提高政治觉悟，严守纪律规矩。严格党的组织生活，健全党委理论中心组学习制度，明确党员活动日制度，坚持"三会一课"制度，增强党员主体意识和党性宗旨观念，党组织书记每年至少讲一次党课。开好学校党员领导干部民主生活会和支部组织生活会，进行党员党性分析和民主评议。坚持发展党员工作标准和程序，做好党员发展工作，提高发展党员质量。按照党章和党内有关规定，严肃处理不合格党员。加强党员组织关系的管理，从聘用环节开始全面掌握教职工党员身份，定期排查党员组织关系，纠正和防止"口袋党员""隐形党员"现象发生。在学校从事专职工作6个月以上的党员，一般应转入组织关系，暂时不能转入的，实行组织关系一方隶属，参加多重组织生活。认真落实高校毕业生党员组织关系管理有关要求，加强民办高校毕业生党员组织关系管理，防止一转了之，出现失联党员。民办高校党建工作的开展要创新工作思路和方式，围绕学校教育教学中心工作任务，按照完善自我、服务中心、把握方向、发挥作用的基本思路开展党建工作。打造民办高校党建工作品牌，创新工作载体，通过"党建+"等模式，结合教育教学管理、志愿服务等，组织党员开展形式多样的"党建+"活动，同时将现代科技信息与党建工作结合起来，增强工作效果，充分发挥基层党组织凝聚人心、服务师生、推动发展、促进和谐的战斗堡垒作用，在各个领域和平台充分发挥党员的先锋模范作用。

第五，大力提高民办高校思想政治工作水平，充分调动各方面积极性因素，为建设有特色高水平民办高校凝心聚力。加强对思想政治教育工作的领导，抓好思想政治教育和德育工作，是民办高校党组织的首要政治责任。要学会运用马克思主义立场观点方法观察世界、分析世界，坚持教育者先受教育，更好担当起学生健康成长指导者和引路人的责任，抓好师德师风建设，把教书育人和自我修养结合起来，做到以德立身、以德立学、以德施教。做社会主义核心价值观的坚定信仰者、积极传播者、模范践行者。引导师生树立正确的世界观、人生观、价值观，坚持和巩固马克思主义指导地位，巩固学校思想文化和意识形态阵地建设，推动中国特色社会主义理论体系进课堂进头脑。党组织书记要带头讲形势政策课，回答好师生关心的难点热点问题，安排政治强、业务精、作风好、综合素质高的老师授课，加强青年马克思主义者的培养，利用好爱国主义教育基地等资源开展实践教育和课外活动，讲好红色故事，弘扬革命精神。发挥思政课课堂教学的主导作用，改进课堂教学方式，增强教学效果。加强民办高校思想政治工作者队伍建设，建立健全思想政治教育和德育工作机构，配齐配强辅导员、班主任和思想政治课教师等工作力量。严格按照有关规定要求，每个院系至少配备1名专职组织员，按师生比不低于1：200的比例设置专职辅导员岗位，以师生比不低于1：350的比例设置思政课教师岗位，以1：3500的师生比配备心理专业教师，形成一支专职为主、专兼结合、数量充足、素质优良的思想政治工作力量。思政课教师的平均收入应不低于其他专业教师平均水平，实行辅导员职务职称评审单列计划、单设标准、单独评审。切实加强党对工会、共青团、学生会和学生社团等群团组织的领导，支持和指导他们依照各自章程独立开展活动。支持民主党派组织开展工作，发挥作用，充分调动一切积极因素为学校发展服务。

第五章

建设有特色高水平民办高校的外部保障

改革开放以来，我国民办教育不断发展壮大，形成了从学前教育到高等教育、从学历教育到非学历教育、层次类型多样、充满生机活力的发展局面，有效增加教育服务供给，为推动教育现代化，促进经济社会发展做出了积极贡献，已经成为社会主义教育事业的重要组成部分。从民办教育特别是民办高校的发展历程看，能够取得今天这样的成就，一方面得益于学校注重于自身建设，苦练内功，逐步完善内部管理体制，规范自身办学行为，提高教育教学质量；另一方面则是得益于外部发展环境的不断改善，国家加强民办教育发展的顶层设计和体制机制不断完善，政府政策支持力度不断加大。同时也要清醒地看到，民办高校的外部发展环境和保障措施还存在不少阻碍因素，在新的历史时期，面对新机遇新挑战，要建设有特色高水平民办高校，实现新突破新发展，还需要下大力破除制约民办高校发展的体制障碍，从根本上改善外部发展环境，从更高更广层面提供支持保障措施。

一、制约民办高校发展的外部因素

（一）民办高校法人社会属性模糊是制约民办高校发展的根本因素

《中华人民共和国民办教育促进法》规定："民办学校与公办学校具

有同等的法律地位。"然而，事实上民办高校与公办高校的法人属性存在很大的差异。公办高校的法律定位是事业单位法人，民办高校的法律定位是民办非企业法人。由于民办高校不是企业单位，又不可确定为事业单位，这种模糊不清的法人属性，对民办高校发展有不小的影响。

首先，法人社会属性模糊影响民办高校的健康发展。实际上，我国大部分民办高校运行的是双法人机制，民办高校的举办者（或家族中的成员）多是企业（或个体）的法人，这就决定了他（企业法人）是以盈利为目的的，他（企业法人）的一切活动都是逐利行为。而《民办教育促进法》规定："民办教育事业属于公益性事业，是社会主义教育事业的组成部分。"国务院《民办非企业单位登记管理暂行条例》也规定，"民办非企业单位，是从事非营利性社会服务活动的社会组织"。也就是说，民办高校属于非企业单位，是从事非营利性社会服务活动的社会组织，具有公益性事业的性质。非营利性、公益性是这种组织的本质特征。于是，民办高校法人企业资本的逐利性与教育事业的公益性形成了同一主体的两个不同方面，在发展过程中形成冲突。民办高校的举办者，多数是抱着"投资"的心态举办民办高等教育的。由于法规中未明确取得回报的比例问题，这些企业（或个体）的法人迫于社会舆论压力，往往通过暗箱操作方式取得利益回报，由此使民办高校办学质量受到冲击，影响到了民办高校的健康发展。

其次，法人属性模糊影响民办高校的法人治理。《民办教育促进法》规定，"民办学校应当设立学校理事会、董事会或者其他形式的决策机构并建立相应的监督机制。民办学校的举办者根据学校章程规定的权限和程序参与学校的办学和管理"。但在具体的执行过程中，民办学校的举办者与董事会或校长之间的权利出现权责不清的状况，在决策和管理权利领域存在着"越位"和"缺位"现象，使得民办高校在具体运行过程中往往是举办者（投资者）的权力独大，甚至出现"夫妻店、兄弟连、父子兵"的家族化倾向以及"子承父业"的代际传承特点。这类现象的出现，很大成度上源于法人属性的模糊，企业的逐利行为淡化了事业的公益属性，举办者的"一言堂"，使得民办高校的管理层很难做出科学化的决策。

再者，法人属性模糊产权不明晰影响举办者投资办学的积极性。《民办教育促进法》对民办高校的产权并没有予以明晰。民办高校自身组成的多样性和产权主体的多样性，使得民办高校的产权也难以明晰。就国家政策方面，1997年颁布的《社会力量办学条例》，2002年颁布的《民办教育促进法》，2004年颁布的《民办教育促进法实施条例》，2016年颁布的《民办教育促进法》等法规，对民办高校的产权虽然有专门的规定，但在其执行过程中，由于产权涉及内容较多和产权主体的复杂性，使得民办高校在处理自身产权的过程存在一些问题。这些问题集中表现在产权关系主体的权利与义务不对称，法人财产权落实不到位，财产权的最终归属不明确。尤其是在民办高校退出机制方面，民办高校资产已不仅属于个人，同时包含社会资产，对民办高校要按照社会资产加以处理，既要保护投资人的利益，更要保护国家利益和集体利益。这些问题的存在，对民办高校的发展和举办者的积极性很有影响。

（二）民办高校资金短缺是制约民办高校可持续发展的关键因素

民办高校可持续发展需要资金投入，然而，受的方面因素影响，民办高校出现了资金短缺的现象。第一，经费来源单一。资金是办学的关键，充裕而稳定的资金来源是民办高校可持续发展的保证。然而，绝大多数民办高校都是"以学养学"滚动发展模式，就是说民办学校的办学资金几乎都是来自学生的学费，是靠收取学费办学的。尽管国家政策允许民办高校在学费收取上高于公办高校，民办高校通常也选择上限标准，达到公办高校的1~2倍以上，但是，较高的收费标准某种程度上限制了部分生源，一些经济条件不好的学生往往不能进入民办高校就读学习，导致新生报到入学率的降低，总体的学费收入达不到预定的上限。从另一个角度看，民办高校所需的土地、教学仪器设备、校舍、教职工的工资福利与培训费用、教学和科研经费和学校日常运行费用等是一笔笔巨额费用，单纯依靠学费，显然会影响到学校硬件设施建设和优秀人才的引进。

第二，融资渠道受限。民办高校的融资渠道，可以吸引社会力量进行投资，采取银行贷款、个人集资、团体融资、社会捐赠、企业合作、股份制合作等多元化筹资的渠道模式。形式上民办高校的自由活动空间较大，但就实际上民办高校的融资渠道并非畅通。其一，民办高校的社会属性、产权归属不明晰，投资者在这种情况下，不能说没有后顾之忧，其积极性当然也就是看作是一种冲动而无行动的思考。其二，银行业对民办高校贷款的严格审查，使得民办高校贷款艰难。而获得银行贷款的民办高校无法享受无息、低息、贴息等优惠政策，高昂的利息对民办高校来说是沉重的负担。

第三，财政支持薄弱。政府资助也是民办高校经费筹集的一个重要渠道，政府的资助有助于降低民办高校的收费标准，体现教育的公平性，促进高等教育大众化的发展。现阶段，我国的教育财政拨款，大多优先考虑公办院校，对民办院校则是提倡其以更加灵活的方式筹措经费。《民办教育促进法》明确了政府支持的资金渠道，第四十五条规定："县级以上各级人民政府可以设立专项资金，用于资助民办学校的发展，奖励和表彰有突出贡献的集体和个人。"但该条文中对政府的资助责任使用的是"可以"授权性规范，缺乏"应当"的义务性规范，不具有强制性且过于笼统，对于向民办高校的资助方式、资助比例以及各级政府间的责任分工等都不明确。这就导致在实际操作中，不同政府层级间的相互推诿和随意性，加之对于作为也没有鼓励性规定，所以各级政府对于民办高校的资助也就自然减免，难以作为责任分担了。再如《民办教育促进法》第四十九条规定："国家鼓励金融机构运用信贷手段，支持民办教育事业的发展。"但在现实中，公办高校往往享有政府的贴息贷款，而民办高校却很难得到。因此，仅仅明确政府支持民办高校发展的必要性是远远不够的，应当对政府提供财政支持的方式做出合理安排，并从法律上做出刚性的规定。

（三）师资问题是影响民办高校可持续发展的主要因素

首先，缺乏优秀师资，办学质量不高。民办高校由于其自身发展条件的限制，在师资队伍建设方面面临着比公办学校更严重的问题。从民办高校的现状看，民办高校的教师主要是以下四类：一是公办高校或其他机构来的兼职教师；二是高校应届毕业生；三是从公办高校返聘的退休老教师；四是由校内非教师转任上岗。这四类教师，从学历来看，教师的学历普遍较低；从职称来看，除了公办高校退休的老教师外，其他教师的职称也相对不高；从年龄构成来看，民办高校的师资中年龄较小、经验缺乏的应届毕业生和公办学校退休的老教师占比大，年富力强的中青年教师占比较小。这样一支负重前行的教师队伍，很难保证必要的教学研究和教学改革工作，很难保证人才培养的质量。

其次，师资队伍不稳定，发展后劲不足。民办高校发展的核心问题就是师资。而民办高校教师因社会观念、工资福利、成长机制、社会保障等原因，造成师资多有流失队伍不稳。以社会保险为例，公办高校执行的是机关事业单位养老保险，而民办高校则为企业职工基本养老保险。由于缴费基数、比例和核算公式不一样，民办高校教师退休后的待遇与公办高校教师反差很大，产生了"同工不同酬"的现象，对民办高校教师显然不公平。所以，民办高校许多教师在职期间都将进一步提高学历作为自身发展的重点，并将民办高校视为自己职业生涯的跳板。这种情况造成民办高校的教师队伍流动性强、稳定性差。教师更换过于频繁，导致学校无法建立一支稳定的教师队伍，教育教学缺乏连续性。

再者，教师结构不合理，教育针对性不强。从民办高校的师资队伍来看，多数学校仍实行的是专兼职结合聘用制度，与建立结构合理、素质合格、适应需要的师资队伍要求很不相符。专职老师一般年龄都在25~35岁之间，他们教育教学经验不足，看重这个职位的发展前途，对民办高校教师的工作信心不足，几乎每年都有一部分有学识、已评为高职称的青年教师因考公务员、考公办高校教师的编制而离开民办高校，造成民办高校教师结构"双高"人才比例一直偏低。另外，虽然公办大学的在职或离退休的教师从教时间长，经验也比较丰富，对课程把握深刻，但是民办高校学生的知识基础跟公办高校的学生有一定的差距，而这些来自公办高校的教师虽然水平很高，但是很难在短时期内掌握好对民办高校学生的授课方式，也难以准确适当地做好基础补充工作，在校生的学习质量也由此受到影响。加之退休教师身体原因，周课时数都很有限。而兼职教师在本校的教学任务也很繁重，很难集中精力研究针对民办高校学生特点的教育教学方法。

最后，专业设置追市场，师资建设工作滞后。民办高校在人才培养和专业设置上往往跟着市场转。有些学校的专业设置带有明显的实用主义倾向，被动地跟在市场后面跑。根据市场就业形势，频繁地更换专业设置，往往什么专业热门就设置什么，专业设置没有连续性。由于一个专业存在时间较短，这样就导致民办高校很难形成自己的特色专业。还有些民办高校由于办学时间较短，没能找到适合自身发展的办学方式，便机械地复制公办高校的办学模式，看到其他公办院校有办得好的专业，也在自己学校进行设置，而不考虑本校是否具备开设该专业的实力。这种现象又导致了师资匮乏，师资建设滞后，使合格教师跟不上专业的变换。于是，又从其他专业教师中抽调部分教师转行。民办高校的教师队伍人员不稳定，结构不合理，队伍建设滞后，难以保证人才培养的质量。

二、优化民办高校稳健发展的外部环境

（一）进一步明确民办高校的法律地位和社会属性

《中华人民共和国民办教育促进法》第三条和第六条明确规定："民办教育事业属于公益性事业，是社会主义教育事业的组成部分""民办高校与公办高校具有同等的法律地位，国家保障民办高校的办学自主权"。这就从法理上认定了民办教育的"公益"性质，属社会主义教育事业，也确定了民办学校的法律地位。但在以往的实践过程中，由于缺少权威性宣传以及人们的认识偏差，一些地方有意无意地对民办高校存在歧视心理，并没有与公办学校同等看待，导致对民办学校有关政策支持包括财政扶持、教职工待遇等与公办学校有很大差别，缺乏应有的支持。尤其是在教职工待遇方面，由于当前我国民办学校尚未具备西方发达国家私立学校成熟健全的办学条件，现实中与公办学校教职工待遇差距较大，应从体制上实施突破。如试行对一部分骨干优秀教师在事业编制、工资待遇、调配、退休后的社会福利等与公办教师一视同仁，享受同等待遇，以保证民办高校吸引人才方面更具竞争力。同时，完善和落实民办高校在编教师在资格认定、职称评聘、培养培训、评优表彰等方面与公办学校教师享有同等权利的政策。非营利性民办高校享受当地公办高校同等的人才引进政策。民办高校教师应享有与公办高校教师平等的法律地位、同等的社会保险即事业保险而不是

企业保险。此外，在业务培训、教龄和工龄计算、表彰奖励等方面享有与公办高校教职工同等权利。而民办高校的学生也在评奖评优、升学就业、社会优待、医疗保险等方面与同级同类公办高校学生享有同等权利。

民办高校作为社会主义教育事业的组成部分，必须坚持社会主义办学方向，培养社会主义事业建设者和接班人。为此，地方党委政府部门要督促健全民办高校的领导管理体制，完善民办高校法人治理结构。其中一个重要环节，就是坚持和完善向民办高校选派党委书记制度，以切实加强党对民办高校的领导，维护民办高校和谐稳定，促进民办高等教育健康发展。要坚持社会主义政治家、教育家标准，按照政治素质过硬、党建工作经验丰富、熟悉高等教育管理、组织协调和管理能力强的要求，把信念坚定、为民服务、勤政务实、敢于担当、清正廉洁的领导干部，选派到民办高校担任党委书记。同时，由党委书记兼任政府督导专员，依法对所驻民办高校的工作进行督导、督学和督察，监督学校贯彻执行《中华人民共和国民办教育促进法》等有关法律、法规和政策，监督引导学校的办学方向、办学行为和办学质量。建立健全政府主管部门对民办高校的督查督导制度，完善民办高校年度报告和年度检查制度。结合民办高校实际，提出质量评估、人事管理、监测评价标准，使这些评估指标体系和评估方式有利于促进民办高校发展。执行管、办、评分离制度，政府主管部门根据评估结果，对办学质量好、社会信誉度高的民办高校予以政策优惠，对办学质量不合格的予以警告，限期整改，直至取消办学资格。

（二）进一步完善政府财政对民办高校的扶持方式

在一些发达国家，私立大学资金来源包括政府资助、社会捐赠、服务收入、学费收入等，其中政府资助在资金来源中占有较大比重。

如在日本，民办大学的25％的教育经费来源于政府资助。而我国民办高校目前得不到国家较多的资助，一般是以有限的专项资金的形式体现，或提供优惠的土地政策。多年以来，在一些财政较薄弱的地方，政府对民办高校的支持仅限于专项项目资金投入，且额度有限，逐年提高不多。应当按照国家《中华人民共和国预算法》《中华人民共和国教育法》和《中华人民共和国民办教育促进法》等法律法规和制度要求，因地因事制宜，调整优化教育支出结构，加大对民办教育的扶持力度，不但要大幅度提高专项资金额度，而且根据实际需要多种渠道给予民办高校更多的实质性帮助。试行用政府财政经费解决民办学校教职工的"五险一金"，以缓解举办者的经费压力，解决教职工的后顾之忧。要提高政府资助在民办高校资金来源中的比重，将财政扶持民办教育发展的资金纳入政府财政预算，向社会公开，接受审计和社会监督，提高资金使用效益。同时界定民办高校财产的产权性质，把保护出资人财产与维护国家利益统一起来。

此外，创新政府财政扶持方式，建立健全政府补贴制度。明确补贴扶持的项目、对象、标准、用途，完善政府购买服务的标准和程序，建立绩效评价制度，同时制定向民办学校购买就读学位、课程教材、科研成果、职业培训、政策咨询等教育服务的具体政策措施。按照国家关于基金会管理的规定设立民办教育发展基金，支持成立相应的基金会，开展有利于民办教育事业发展的资金筹集活动。由政府财政预算安排，设立民办教育发展专项资金，用于扶持民办高校的实验室、实训室、教学仪器设备、教育信息化等项目建设。支持民办高校师资队伍和学科建设，设立专项培训项目。奖励为民办高校发展做出贡献的集体，以资金或教学设备形式改善民办高校的办学条件，提高教学质量。

落实对民办高校学生的国家资助政策。民办高校学生与公办高校学生按国家有关规定同等享受奖助学金、助学贷款等国家资助政策。

建立健全民办高校奖助学金评定、发放等管理机制，对贫困学生建档立卡，确保国家奖助学金全部准确用于贫困学生完成学业。民办高学校自身应从学费收入中提取不少于5%的资金，用于奖励和资助学生。政府有关机构还应帮助建立健全民办高校助学贷款业务扶持制度，提高民办高校家庭经济困难学生获得资助的比例。

（三）落实民办高校办学自主权和各项优惠政策

按照国家教育部等五部委关于深化高等教育领域简政放权放管结合优化服务改革意见的要求，转变政府职能，实现政策宏观管理与民办高校自主办学的有机结合，实施民办高校自主办学负面清单管理模式，推进行政审批改革，减少审批环节。特别是在招生计划、专业设置、职称评审等方面给予民办高校最大限度自主权，由民办高校按市场行为和社会需要自主确定，在重点学科、重点实验室建设和博士、硕士、学位授予权方面，在保证质量的前提下给予民办高校大力支持。如具备条件的民办高校可自主制定本校教师职称评审办法和操作方案，报上级主管部门备案后，由学校自主组织职称评审、自主评价、按岗聘用。还应将师德作为评聘的首要条件，提高教学业绩在评聘中的比重。在专业设置方面，政府应鼓励和支持民办高校根据国家战略需求和区域产业发展需要，依法依规设置和调整学科专业。在考试招生方面，政府支持民办高校参与考试招生制度改革，社会声誉好、教育质量高、就业有保障的民办高校，可在核定的办学规模内自主确定招生范围和年度招生计划，面向社会自主招生，各地区和单位不得对民办高校跨区域招生设置障碍。

全面落实对民办高校用地、收费和税费优惠等政策。对民办高校用地按科教用地管理。非营利性民办高校享受公办高校同等政策，按划拨等方式供应土地。营利性民办学校按国家相应的政策供应土地。

国家规范民办高校收费，对非营利性民办高校的收费，主要通过市场化改革试点，逐步实行市场调节价，具体根据办学成本、学校发展情况等因素确定；营利性民办高校收费实行市场调节价，具体收费标准由民办高校自主确定。政府依法加强对民办高校收费行为的监管，保证民办高校按照国家有关规定享受相关税收优惠政策。非营利性民办高校与公办高校享有同等待遇，按照税法规定进行免税资格认定后，免征非营利性收入的企业所得税，用电、用水、用气、用热等，享受与公办高校相同的价格政策。此外，对于企业支持民办高校的捐赠支出，也应按照税法有关规定，实行税费优惠政策，而对个人支持民办高校的公益性捐赠，则应按照政策相关规定在个人所得税前予以扣除。

完善由政府主导，学校、个人、政府合理分担的民办高校教职工社会保障机制，切实保障民办高校师生权益。政府督促民办高校依法为教职工足额缴纳社会保险费和住房公积金，鼓励民办高校按规定为教职工建立补充养老保险，改善教职工退休后的待遇。认真落实跨统筹地区社会保险关系转移的接续政策，完善民办高校教师户籍迁移等方面的服务政策，并建立民办高校教师人事代理制度和交流制度，促进和保障民办高校教师合理流动。

（四）支持民办高校加强教师队伍建设

地方党委、政府要贯彻落实好中共中央、国务院关于全面深化新时代教师队伍建设改革的意见，坚持兴国必先强师的理念，大力支持、督促民办高校加强教师队伍建设。政府相关部门应制定切实提高教师包括民办高校教师相关待遇的具体措施，将教师队伍建设作为教育投入重点予以优先保障，完善支出保障机制，确保党和国家关于教师队伍建设重大决策部署落实到位。国家应尽早研究修订教师法，明确民办高校教师的地位、权益和义务，明确政府对民办高校教师队伍建设的扶持政策和措施。将民办高校教师队伍建设纳入地方教师队伍建设整体规划，按要求定期研究教师队伍建设工作。

在提高教师队伍整体素质的基础上，政府主管部门应重点督促和支持民办高校提高教育教学质量。鼓励支持高水平有特色民办高校培育优质学科、专业、课程、师资、管理，以整体提升办学质量，着力打造具有影响力和竞争力的教育品牌，着力培育有理想、有境界、有情怀、有担当的民办教育家。同时，支持民办高校与世界高水平同类学校在学科、专业、课程建设以及人才培养等方面开展交流。在推进教育国际化过程中，支持和鼓励有条件的民办高校吸引海外生源，扩大留学生规模，增加学生出国留学和教师出国访学机会，赴国（境）外开展办学和科研活动，提高民办高校国际化办学水平。支持高水平有特色民办高校提升科研水平，政府设立科研设备和信息资源共享平台，实现高校（包括民办高校）的资源共享。鼓励支持民办高校跨校、跨界联合申报和参与国家级科研平台和特色研发机构，支持高水平有特色民办高校实行"优生特选"制度，加大单独招生、大类招生、导师选生力度，努力实现个性化培养与因材施教，在人才培养上充分体现民办高校的特色。

（五）健全政府对民办高校的监管机制

将发展民办高等教育纳入地方经济社会发展和教育事业整体规划，加强制度建设、标准制定、政策实施、统筹协调等工作，建立由教育主管部门牵头的联席会议制度，协调解决民办高校发展中的重点难点问题，不断完善制度政策，优化发展环境，持续推进民办高校的改革发展。

建立健全政府相关部门对民办高校的监督管理机制，促进民办高校持久健康发展。强化民办高校教育督导，完善民办高校年度报告和年度检查制度，特别要督促完善民办高校财务会计制度、内部控制制度、审计监督制度，加强风险防范。实行民办高校信息公开，建立民办高校管理信息系统和信息强制公开制度，除涉及国家安全、公共安全、经济安全、社会稳定和学校安全稳定的情况外，重大事项均应依法依规公开相关信息，发挥社会公众、媒体等力量在监督中的作用。建立违规失信惩戒机制，将违规办学的学校及其举办者和负责人纳入"黑名单"，规范学校办学行为，加大对违法违规办学行为的查处力度。大力推进管办评分离，建立民办高校办学第三方质量认证和评估制度，民办高校行政管理部门根据评估结果，对办学质量不合格的学校予以警告、限期整改直至取消办学资格。同时，政府部门为民办高校发展营造良好环境，精简和规范办事程序，改进服务质量，依托"互联网+"等模式，实行民办高校公开服务事项网上办理，提高办事效率。

随着民办高校的不断发展，要求政府引导帮助培育民办高校行业组织，支持行业组织在行业自律、交流合作、协同创新、履行社会责任等方面发挥桥梁和纽带作用，并依托行业专业机构开展咨询服务等工作。支持非营利性民办高等学校联盟等组织在引导民办高校坚持公益性办学、创新人才培养模式、提升人才培养质量等方面发挥作用。

增强民办高校服务社会的能力。政府引导和支持有特色高水平民办高校与地方合作建立创新创业园（基地），加强校地合作，促进产学研用贯通，推进创新链与产业链融合，实现创新成果与生产技术、学科联盟与产业集群对接，推动科技创新、关键技术突破转变为先进生产力，提高有特色高水平民办高校对区域经济社会发展和产业转型升级的贡献率。与此相应的是要大力构建服务平台，提升科技成果转化的服务水平，建设包括民办高校在内的高校科技成果转化平台、校企合作服务平台、科技服务业示范基地和新型智库等，推动落实校地（企）合作线上信息、线下实体有效衔接服务。

（六）创新民办高校投融资机制

目前我国民办高校发展的一个重要瓶颈——经费来源持续单一。经费总量和生均经费相比公办高校差距较大，严重制约了民办高校做大做强。放眼世界，社会捐赠是国外私立高校资金来源的重要组成部分，愈是高水平私立高校名校，社会捐赠的比重愈高。而在我国，社会捐赠的资金寥寥无几。主要由于几方面原因。一是政策方面，免税规定等落实不力。在美国，捐赠者可以通过从应纳税所得额中扣除捐赠来减少纳税义务，所以许多人愿意捐赠教育事业。我国尽管也有相应的免税规定，但出台较晚，且在现实中没有得到很好的落实，捐资人的积极性还很低。二是我国许多民办高校发展还不够成熟，知名度不高，管理制度不够规范，账目不够清楚、透明，难以得到捐资人的信任。因此，我国民办高校90%以上的资金都是来自学生的学费，而学费标准受市场因素制约难以大幅度提高，导致资金难题成为许多民办高校可持续发展的主要障碍。因此，政府应进一步采取措施，在加大财政资金扶持力度的同时，支持和帮助民办高校拓宽筹资渠道，创新金融支持方式，鼓励和吸引社会资金进入民办高校。可由政府倡导民办高校联合发起，创设以支持民办高校发展为宗旨的公益性基金会，依法募集社会资金，充分发挥民办高校机制灵活的优势，推动国家捐赠制度的完善和捐赠文化的形成，发挥"孵化器"功能，大幅度筹集社会资金，资助公益性强、办学水平高、特色突出的民办高校发展。创新民办教育投融资机制，多渠道吸引社会资金，扩大民办高校办学资金来源。建立民办高校教育担保公司，允许民办高校非教育资产作贷款抵押担保，向金融机构和社会融资。鼓励金融机构开发教育金融产品，在风险可控前提下，开发适合民办高校特点的金融项目，探索办理民办高校未来经营收入、知识产权质押贷款业务，提供银行贷款、信托、融资租赁等多样化的金融服务。同时，民办高校通过提高自身办学水平和社会声誉，以有效吸引社会捐助。通过提高民办高校争取捐赠的意识，加强与社会各界的联系，形成良性循环，获得社会捐助越多，表明学校水平高、声誉好，而学校声誉好，又可以吸引更多的社会捐助。高水平民办高校还应通过创办校友会，建立稳定的捐赠主体，加强与校友的联系与互动合作，吸引和感染校友为母校的发展做出更多的贡献。

第六章

建设有特色高水平民办高校的指标体系

《国家中长期教育改革与发展规划纲要（2010—2020年）》提出了要办出特色，办好一批高水平民办学校的任务。落实《国家中长期教育改革与发展规划纲要（2010—2020年）》提出的这一重大战略任务，制定建设有特色高水平民办高校的指标体系，使建设有特色高水平民办高校有所遵循十分必要。指标体系是指根据不同研究目的的要求和研究对象的特征，把客观上存在联系的、说明经济社会现象性质的若干个指标，科学地加以分类和组合形成的统计指标体系。指标体系的建立是进行预测或评价研究的前提和基础，它是将抽象的研究对象按照其本质属性和特征的某一方面的标识分解成为具有行为化、可操作化的结构，并对指标体系中每一构成元素（即指标）赋予相应权重的过程。本章在已有的关于民办高校办学指标体系研究的基础上，通过分析影响有特色高水平民办高校的各种因素，对构建有特色高水平民办高校指标体系进行初步探索。

一、制定有特色高水平民办高校指标体系的必要性

（一）制定有特色高水平民办高校指标体系的意义

《国家中长期教育改革与发展规划纲要（2010—2020年）》提出，

要办好一批有特色高水平的民办学校，这是我国高等教育发展的一项重大决策，对推动我国经济社会发展、高等教育事业发展以及民办高校发展都有重要意义。

第一，有利于发挥高校对服务国家经济发展战略的需要。随着我国社会主义市场经济的发展和经济结构的调整，国家、社会对各类专业型人才、综合型人才的需求不断提高，特别需要高等教育向现代生产服务一线提供大量既能够掌握现代科学技术，又能够接受系统技能训练的应用型、复合型、创新型人才。民办高校作为我国应用型大学，肩负着实现中国高等教育"大众化"，培养国家、社会和行业需要的合格的应用型人才和技能型人才的重担。建设有特色高水平民办高校，有利于高校有效地提升办学效能，更好地服务于社会发展和经济建设。

第二，有利于我国从高等教育大国向高等教育强国迈进。推动我国从高等教育大国向高等教育强国迈进，是我国高等教育事业发展的战略任务。在实施这一战略的过程中，既需要坚定不移地实施"985工程"和"211工程"，加快建设世界一流高水平公办大学，也需要加快有特色高水平民办高校建设。作为中国高等教育的重要组成部分，民办高校对我国向高等教育强国迈进具有重要作用。但遗憾的是，在建设高等教育强国的强校工程之中，无论是"985工程"和"211工程"，还是国家示范性高职院校，民办高校都无缘参与。这种情况发展下去，要实现高等教育强国的目标是不可能的，至少是不完整的。提出建设有特色高水平民办高校，有利于我国建设高等教育强国。

第三，有利于提高民办高校办学质量和水平。经过几十年发展，我国的民办高校不仅在数量上规模上得到很大发展，而且办学的质量和水平显著提高，涌现了一大批高水平的民办高校，为国家经济社会发展发挥了重要作用。但是不可讳言，民办高校在办学规模和在校生人数急剧扩张的同时，也出现了办学质量参差不齐、虚假宣传和内部管理失范等问题，与社会对优质教育资源的需求相比，与国外一流私立大学相比，还有较大差距。提高民办高校办学水平，紧迫而必要。建设有特色高水平民办高校，为民办高校发展提供了难得机遇，必将大大提高民办高校整体办学质量和水平。

建设有特色高水平民办高校的任务，首先需要解决的问题是：什么是有特色高水平民办高校，怎样衡量、建设有特色高水平民办高校？对于什么是有特色高水平民办高校，怎样建设有特色高水平民办高校问题，一些学者进行了有益的探索。有学者提出，有特色高水平民办高校是一个相对概念，其比较的对象既不是诸如哈佛大学等国际一流的私立大学，也不是诸如北京大学、清华大学等国内一流的公办大学，而是基于我国民办高校所处的发展阶段提出来的。现阶段，我国民办高校办学经费主要依靠自身筹集，核心职能是培养应用型人才、服务地方经济社会的发展。基于此，有特色高水平民办高校应在人才培养、科学研究、社会服务和文化传承创新方面具有鲜明的办学特色，使学校各项办学指标达到或超过国家标准，走在民办高校群体的前列。具体来说，衡量一所民办高校是否为高水平民办大学，应有以下检验标准：一是是否坚持办学的非营利性，学校形象良好；二是是否具有高水平的教育质量，社会认可度高；三是是否具有鲜明的办学特色，学科专业优势明显；四是是否具有高水平的科研能力与良好的社会服务功能；五是是否具有高水平的管理机制与管理水平[①]。但学者们只是在理论上提出了对有特色高水平民办高校的看法，这些理论落实到实践中去，还需要有使其具体化的环节，构建有特色高水平民办高校建设指标体系就是这种具体化环节。

指标体系是将抽象的研究对象按照其本质属性和特征的某一方面

---

① 徐绪卿. 建设国家级高水平民办高校的若干思考 [J]. 教育发展研究，2012（7）.

的标识分解成为具有行为化、可操作化的结构，并对指标体系中每一构成元素（即指标）赋予相应权重的过程。构建指标体系、用指标体系来考核评价，是推动工作实施的行之有效方法。在现实中，很多工作特别是一些有明确目标任务的工作，都采用了构建指标体系进行评估的方法。比如，为适应新形势对国家高新区的要求，建立发展导向，引导国家高新区肩负起新的责任和使命，体现国家目标要求和政策导向的目标需要，国家科技部制定了《国家高新技术产业开发区评价指标体系》。一些地方政府在推进政府效能建设中，积极探索对政府绩效评估的方法，建立了地方政府绩效评估的指标体系。在提出全面建设小康社会目标后，为了有效地推进这个目标的实现，国家有关部门制定全面建设小康社会指标体系，对各省市全面建设小康社会实现程度进行评估。这些指标体系即评估，都对相关发展目标任务的实现起了积极作用。建设有特色高水平民办高校也是一个要实现的具体的任务，同样应采用建立指标体系的方式来推进，指标体系对有特色高水平民办高校建设具有一定的作用。

首先，建设有特色高水平民办高校的评价作用。建设有特色高水平民办高校是一个长期的过程，在这个过程中，对有特色高水平民办高校建设进行评价十分必要。通过评价，可以了解有特色高水平民办高校建设的实际情况，包括有特色高水平民办高校建设达到的程度，存在的薄弱环节和问题，并通过分析问题的原因，有针对性采取对策举措，更好地推动有特色高水平民办高校建设工作的发展。而要评价就要有评价的依据和标准，没有依据和标准，光凭感性认识，难免产生随意性和主观性，评价就不可能准确。因此，设定具体、量化和科学的标准体系，是有特色高水平民办高校建设评价的前提。指标体系是进行价值判断的重要依据，是开展科学评估活动的基础。制定设定具体、量化、科学的指标体系，就是从本质上把人们的价值认识客观化，使人们的价值认识凝聚在指标和相应的权重之中，使建设有特色高水平民办高校的评价建立在客观实际基础上，避免因为缺乏标准导致主观性和随意性。另外，指标体系是评价时所要考虑的全部因素的集合，通过对照指标体系，不仅可以了解单个民办高校建设的实际情况，而且可以使民办高校之间有横向比较的标尺和准则，在民办高校之间形成有序竞争的态势，推动有特色高水平民办高校建设又好又快地发展。

其次，建设有特色高水平民办高校的引导作用。制定高水平民办高校指标体系，对建设有特色高水平民办高校工作进行评价，目的不是单纯地评出民办高校的名次及优劣程度，更重要的是引导民办高校能比较客观地了解和把握本校的特色、优势、劣势，鼓励民办高校更好地、有针对性地向正确的方向和目标发展，特别是向着经济社会发展需要的高水平方向发展。有特色高水平民办高校指标体系是一个指挥棒，它所体现出的价值导向，将对民办高校产生很大的影响作用，使民办高校的办学思路和工作重点转到建设有特色高水平民办高校上来。众所周知，目前我国民办高等教育发展还处于初级阶段，在办学实力、办学水平、管理水平、教学水平、师资力量、校园文化建设等很多方面都存在不足，建设有特色高水平民办高校指标体系的制定与实施，有助于解决民办高校发展中的突出问题，提升民办高校的办学水平。

再者，建设有特色高水平民办高校工作的抓手作用。任何工作的开展都要有抓手，没有抓手，工作难以落实。建设有特色高水平民办高校也是这样，现在目标任务提出来了，关键是要去落实。而要落实，就要有抓手。从目前实际看，虽然建设有特色高水平民办高校目标任务提出来了，但怎么抓并不明确，致使一些地方教育主管部门处于观望状态。有了有特色高水平民办高校建设指标体系，便于有关部门对被评价对象进行系统分析和辨识，进而确定被评价对象需要解决的关键问题；便于决策者关注与此相关的关键问题和优先发展领域和进展情况，制定并实施协调并进的科学决策；便于随时掌握建设的发展进程，预测和掌握的发展态势和未来走向，有针对性地进行政策调控或系统结构的调整。总之，有特色高水平民办高校建设指标体系，是建设有特色高水平民办高校工作的有力抓手，有利于把建设有特色高水平民办高校工作落到实处。

（二）目前民办高校评价体系及存在的问题

对于民办高校指标体系，学术界已有一些研究，提出了两类指标体系。

一类是适应高校教育评估提出的民办高校评估指标体系。我国高校教育评估活动始自1983年教育部在武汉召开的高教工作会议。1985年，《中共中央关于教育体制改革的决定》首次提出："国家及其教育行政管理部门要加强对高等教育的宏观指导和管理。教育管理部门要组织教育界、知识界和用人部门定期对高等学校的教学水平进行评估，对成绩卓著的学校给予荣誉和物质上的重点支持，办得不好的学校要整顿以至停办。"1990年10月，国家教委颁布《普通高等学校教育评估暂行规定》，这是我国第一个高等教育评估的法规性文件，是我国高等教育评估工作开始走向规范化的标志。在"八五"期间，全国哲学社会科学设立国家级重点课题《有中国特色的高教评估制度和政策研究》，下设子课题《普通高等专科教育评估》。该项目1995年完成，为指导高等普通专科学校包括民办高校的评估提供了依据。

1999年国家实行高校扩招、加快实现高等教育大众化政策以后，高等教育快速发展，发展格局出现了较大变化。尤其是2001年普通高等专科学校设置审批权下放之后，大量的民办普通高等教育机构以高等职业技术学院的面貌上报审批，成为普通高等专科层次学校的主体。

为适应这一变化，教育部高教司于2000年下发了《高职高专教育教学工作合格评价体系（征求意见稿）》；2003年教育部高教司又下发《高职高专院校人才培养工作水平评估方案（试行）》，并在许多省市开展评估工作。由于这些评估文件对民办高校的实际情况考虑仍然较少，而这时的民办高校数量大增。为此，出现了许多专门针对民办高校教育评估指标体系的研究。

查阅知网期刊目录，关于民办高校教育评估综合性指标体系研究的成果有：《民办高校办学水平评估的理论研究》《关于我国民办高等教育评估的若干思考》《论依法构建民办高校教育评估制度》《关于建立我国民办高校社会评估制度的主要分析》《民办高校评估新视角》《民办高校评估指标体系研究》《民办本科院校办学水平评估及其指标体系设计》《民办高校核心竞争力评价指标体系研究》等。除综合性的指标体系外，发表了大量的民办高校各个方面的指标体系。如《民办高校教学评估指标体系的设计原则》《关于构建我国民办高校绩效评价指标体系的初探》《民办高校教师教学能力评价指标体系研究》《民办高校财政支出绩效指标体系的构建》《浅谈民办高校基层党组织考核评价体系建设》《析构建民办高校基层党组织考核评价体系的基本原则》《民办高校建立就业服务绩效考评指标体系的必要性研究》《民办本科高校信息化水平评价指标体系构建与研究》《民办高校社会服务职能绩效评价指标体系研究》等。上述研究成果，为全面开展民办高校教育评估提供了理论支撑。

另一类是中国大学排名榜对民办高校单独排名的指标体系。1987年，中国科学计量学创始人、享有"中国大学评价事业开创者"美誉的中国教育科学研究院蒋国华教授等，在《科技日报》发表了中国第一个大学排行榜。1989年，中国持续研究大学评价时间最长者、中国大学评价资深专家蔡言厚教授领衔的课题组，以"中国管理科学研究院高等学校比较研究课题组"名义在《学会》杂志发布中国第一个多指标综合大学排行榜，正式开启了中国大学综合评价研究的进程。该团队由国内十多位著名高等教育评价专家和资深大学教授组成，以中国校友会网为依托平台，以中国大学评价和创富创业研究为标志，是目前中国持续开展大学评价研究时间最长的研究团队之一。课题组开展中国大学评价研究工作，每年对我国的公办大学、民办大学和独立学院展开综合和单项评价，公布大学评价报告，推出系列大学排行榜。在发布大学排行榜的同时，对民办高校单独排行。该排行榜对民办高校采用三级评价指标体系，一级评价指标由人才培养、办学设施和综合声誉三大指标构成。其中，办学设施包括投入资金、硬件设施、教学设施等3个二级指标，人才培养包括师资力量、学科建设、学生培养、科学研究等4个二级指标，综合声誉包括办学定位、生源质量和社会声誉等3个二级指标构成。三级指标包括固定资产、图书馆生均藏书、教学仪器设备价值、毕业生就业率、考研上线率、专任教师、在校生人数、师生比、校友捐赠、社会捐赠、社会声誉、人均学费和本地生源比例等20多项指标，该排行榜对民办高校发展起了积极的引导作用。

上述两类民办高校评价指标体系对建设有特色高水平民办高校有重要参考价值，但是，直接把它们作为建设有特色高水平民办高校的评价指标体系并不适合。

首先，民办高校教育评估和排名与建设有特色高水平民办高校的侧重点不同。民办高校教育评估，是根据教育部关于高校教育评估的要求进行的，涉及的内容很广，包括民办高校办学的各个方面，其指标体系既有总的方面的指标体系，也有各个方面的具体指标体系。制定民办高校教育评估指标体系的目的在于了解民办高校办学的总体情况，更好地提高民办高校办学质量。制定民办高校排名榜的指标体系，目的是为进行民办高校排名提供依据。相对民办高校教育评估，其指标体系比较简单，一级评价指标由人才培养、办学设施和综合声誉三大指标构成，只要能排出名次就行。建设有特色高水平民办高校指标体系不同，因为是推动有特色高水平民办高校建设，其评价的重点在于影响有特色高水平民办高校建设的重要因素有特色，有特色高水平民办高校建设涉及面也很广，但侧重点与民办高校办学评估和民办高校排名有很大不同。

其次，民办高校教育评估和民办高校排名榜都突出民办高校的特殊性。之所以在民办高校教育评估和排名时，要单独制定民办高校教育评估和排名指标体系，是因为民办高校有自己的特点和实际。由于强调从民办高校特点和实际出发，因此，一些普通高校重要的指标在民办高校教育评估和排名指标体系中被弱化了。最突出的是科研指标。考虑到民办高校定位是应用型高校和现有科研水平不高的实际，民办高校育评估和排名指标体系对民办高校科研水平都没有很高的要求。中国校友会网编制完成的《2014中国大学评价研究报告》明确指出：民办大学作为我国的民办应用型大学，肩负着实现中国高等教育大众化的重担和培养国家、社会和行业需要的合格的应用型人才和技能型人才的使命，科学研究不是此类院校的发展重点。鉴于国家对民办大学的办学条件、办学定位和办学实力与公办应用型大学有不同的要求，应采用单独的综合实力和星级排名评价指标体系对其进行评价。对于民办大学的评价应该侧重人才培养，过度强调科学研究将误导民办院校发展。

再者，在民办高校教育评估和排名指标体系中，一些指标设置不符合实际。比如，在人才培养方面，一些人才培养质量指标的设定，不利于提高民办高校应用型人才的质量。表现为对课程教学管理与服务方面的评价，基本上是限于表面上、程序上的说明，实质问题涉及不深。对实训室建设的评价，仅限于现状分析，缺乏前瞻性、动态性的考核。对师资队伍的评价，仅限于学历、职称、科研等"有形"要素的评价，而对团队合作、实务操作能力、师资结构等"无形"要素涉及较少。对学生评价，主要是看分数和论文发表。作为学生学习成绩认定的依据，不管是理论课的闭卷考试成绩，还是实习实训课的报告，都只是一定程度上考查了学生对知识的掌握程度，而对学生的团队合作、综合业务水平、创新创业能力则考核不足。在内部评价系统方面，对教师的评价，主要通过教学督导一学期只听一两节课就给课程教师评价，学生评价给教师打分，因受到种种因素限制，很难客观反映课程教师的真实情况。在外部评价体系中，目前缺乏教育主管部门对高校的评价，基本是传统的教学、科研的评价，对应用型人才评价体系尚未建立。鉴于此，在上述两类民办高校评价指标体系之外，构建适用于有特色高水平民办高校建设的指标体系十分必要。

二、有特色高水平民办高校指标体系的建构

（一）构建有特色高水平民办高校指标体系的基本要求

1.在参照公立高校基本指标基础上，注意民办高校的特色

民办高校首先是高校，是高校就要按照高校的要求来建设。不能因为是民办高校就放松要求。否则，即使冠之为高水平民办高校也不可能得到社会的认可。同时，由于投资体制和运行体制的特殊性，民办高校在领导和管理体制、经费安排与运行、教师队伍的建设、教学管理的重点等方面都有着不同于公办高校的特点。这就要求在设计高水平民办高校指标体系时，在参照公立高校基本指标的基础上，以民办高校教育目标的实现为主，体现民办高校特点的内容，尊重民办高校的个性。从高等教育大众化的观点来看，高等教育是多样化的，针

对不同层次类别的民办高校，应该有不同的评价指标和具体评价标准，这样才能真正起到评价的促进作用。

2. 区分营利性与非营利性民办高校，把握两者的不同要求

民办高校是国家机构以外的社会组织和公民个人，主要利用非财政性的自筹资金，面向社会、独立举办、以股份制形式合资举办、与政府部门或公办学校联合举办的的实施高等学历教育的教育形式。民办高校是靠自筹资金发展起来的，按照市场经济的要求运作，为社会提供所需的教育服务，满足了市场的要求。民办高校的投资办学活动既是教育活动、又是经营活动。民办高校所提供的教育服务属于准公共产品和私人产品两种性质的教育服务，具有公益性和营利性双重属性。这两个特点决定了在评价民办高校的时候，要兼顾这两个方面的绩效。公益性决定了我们不能用企业的质量评价体系和方法来评价民办高校的质量。营利性决定了民办高校的质量评价不能简单地套用公立高校的评价体系和方法。

3. 既要进行全面评价，更要关注核心竞争力

有特色高水平民办高校是民办高校发展的综合评价。影响有特色高水平民办高校的因素是方方面面的，因此，评价有特色高水平民办高校应该关注民办高校发展的方方面面。但在关注全面的同时，要突出重点。有特色高水平民办高校建设的指标设计不能面面俱到，要关注对有特色高水平民办高校影响最大因素。有特色高水平民办高校是多方因素相互作用、相互影响的结果，具有复杂的内在关系和作用机理。从实践中可认识、可操作性看，需要对民办高校核心竞争力进行分解，抓住重点。对于核心因素，要放在突出位置，加大评价权重，发挥指标体系的价值导向作用。

4. 构建多元、立体式的有特色高水平民办高校评价体系

民办高等教育是庞大的复杂体，涉及的行业多、专业广，各民办

高校之间存在显著的差异，对它进行质量评价比较复杂。需要建立起一种多元、立体式的评价体系。多元、立体式的评价体系表现为横向与纵向相结合、动态与静态相结合、评价过程与结果跟踪相结合。横向与纵向相结合，是指民办高校之间的比较借鉴与民办高校发展过程评估相结合，动态与静态相结合，是指静态的数据指标与动态的教学或实践过程相结合。评价过程与结果跟踪相结合，是指重视评价过程与重视评价后对其不足或缺陷之处更正跟踪评价。构建多元的、立体的评价体系适应民办高校人才培养模式的特点，有利于客观地反映和评价各民办高校的发展水平，促进高水平民办高校建设的发展。

（二）构建有特色高水平民办高校建设指标体系的主要原则

1. 一致性原则

指标是目标的具体化、行为化和操作化。有特色高水平民办高校指标体系的构建，应充分反映民办高校发展的要求，在总体上做到四个一致。一是与我国社会主义高校办学目标相一致。由于指标体系具有导向性功能，设计指标必须坚持社会主义办学方向，向正确健康的方向发展。二是与民办高校发展的客观规律相一致，指标体系应尽可能反映民办高校的本质，符合民办高校发展规律。三是与建设有特色高水平民办高校的任务一致。指标设计应该围绕建设高水平民办高校目标，把民办高校的注意力引导到这一目标上来。四是指标体系内各项具体指标的一致性。要注意指标逐渐的相容性，不把相互冲突的指标放在同一指标体系之中，以免造成操作上的困难，使民办高校无所适从。

2. 科学性原则

指标设计不带个人偏见，客观反映事物本质，反映教育的客观规律。通过指标评估，客观反映民办高校的实际状况。建设高水平民办高校是一个多层次多因素的大系统，其工作任务、工作方法以及校内外各方面的联系错综复杂，在指标设计中，要注意指标的层次性，高一层次的指标应该包含子层次的指标。各项指标之间要有关联性，形成指标的有机整体。指标设计不可能面面俱到，要选那些主要因素来确定指标。对建设有特色高水平民办高校影响较大、较重要的要素在评价标准中给予较大的比重。

3. 可比性原则

即指标体系能在时间上和空间上可以进行比较。建立有特色高水平民办高校指标的目的，是要对民办高校进行评估，要评估就要比较。而比较只能反映对象属性中共同的东西才具有可比性，质的一致性是可比性的前提和基础。由于每一所高校都有自己的特殊性，因此，要从民办高校的特殊性中找出共同的东西，以适应不同的评估对象，作为比较的标准。评估指标要体现出评估对象之间可以比较的数据或性质。在建立指标体系时，要注意多层次的共同性，既有以学校为评估对象的指标，也有按学科、专业的评估指标，对于不等质的评估对象，可用当量法转化为近似等质的评估对象。

4. 可测性原则

测量是对状态变量赋值的过程，是定量分析的基础。建立评估指标体系应当以能进行测度量化为标准。事物的质和量总是联系在一起的，质总要通过一定的量表现出来。指标体系中每一项指标作为具体的目标，应该可以用操作化语言加以定义，尽量做到能用数量表现。某些指标不能直接量化，可采用在系统分析的基础上先定性，而后用模糊数学二次量化的方法处理。有了统一的量化标准，还应该恰当地确定指标的标量和权值。在测评标准和计分方法上要简便易行，评估程序也要易于实施。可测性还包括能够采用系统工程、计算机等科学技术手段进行合理的科学计量。指标评估可测性强，有利于评估工作顺利进行，达到评估目的和预期效果。

（三）有特色高水平民办高校指标体系的内容构建

根据上述构建有特色高水平民办高校指标体系的思路与原则，参照普通高等学校的评估标准，结合民办高校的具体实际，提出建设有特色高水平民办高校指标体系以下内容。

1. 办学理念

树立什么样的办学理念、遵循什么样的办学指导思想，对形成科学合理的教育教学体系、培育和谐积极的校园文化、建设有特色高水平民办高校具有十分重要的意义。目前一些民办高校在办学中无所依循，因为对他们而言，公办高校的经验有明显的局限性，而国外私立大学的办学理念又水土不服。于是怎么有利怎么做，民办高校倾向于采取实用主义的办学态度。重视民办高校办学理念的评价，有助于民办高校端正办学理念，探索适合实际的正确发展道路。办学理念与办学动机是营利或非营利有关。中外民办（私立）大学的发展历史和现状都可充分说明这一点。哈佛大学、斯坦福大学等私立大学之所以跻身世界一流大学的行列，坚持公益性是一个极其重要的原因。在世界排名靠前的大学中，至今尚难找到营利性大学的影子。公益性（非营利性）办学是建设有特色高水平民办高校的重要条件。只有坚持公益性办学并得到政府和社会强有力支持的民办高校，才有建成有特色高水平民办高校的可能。办学思路是办学理念的体现，评价民办高校办学理念也要评价其办学思路。

2. 管理体系

管理体制是有特色高水平民办高校建设的重要内容。评估民办高校管理体制，关键要看其是否符合现代大学制度建设的要求。从现代大学制度要求评价民办高校管理体制，主要有四个方面。一是董（理）

事会领导体制。按照《中华人民共和国民办教育促进法》的规定，民办高校应建立董（理）事会作为最高决策机构，对民办高校董（理）事会，要评价其组成和决策情况。二是董（理）事会领导下的校长负责制。民办高校实行董（理）事会领导下的校长负责制，校长由董（理）事会聘任，在董（理）事会领导，负责学校的管理和经营工作。要对民办高校董（理）事会领导下的校长负责制进行评价。三是民办高校的监督机制。在现代法人治理结构中，内部监督不可缺少。评价民办高校内部监督机制，重点是评价监事会的组成和作用发挥。四是利益相关者的共治机制。民办高校治理体系涉及董事会领导权力、校长行政权力，党委政治权力、专家学术权力、教代会民主权力。要评价这五个权力各司其职、相互合作的情况。

3. 学科专业结构

学科专业结构是高校办学的基石。任何人才培养活动都是在学科专业结构上展开的，学科专业结构及其质量是高校教育教学的决定因素。由于资金和人才等方面的原因，目前民办高校在学科和专业结构方面，存在专业方向不明确、学科专业设置过于偏重市场需求、学科基础不牢、水平不高等问题。民办高校很少有国家一级的精品课程、教学名师、优秀教学团队和重点专业，迄今为止无一学科专业能进入教育部学位与研究生教育发展中心开展的全国一级学科整体水平评估排名前列。建设有特色高水平民办高校，应在学科专业建设方面设置更高要求的指标，包括学历教育本科专业数、研究生专业数、国家省级重点学科和专业数、品牌专业特色专业率等，引导民办高校学科专业建设，提高民办高校的办学水平。

4. 教师队伍

不论公办院校还是民办院校，在所有办学资源中，师资都是第一位的。由于投资体制的原因，民办高校不可能像公办高校一样，建设一支齐全完备的师资队伍，但必须有一支数量足、质量高的专职教师队伍。民办高校专职教师队伍的数量，《中华人民共和国民办教育促进法实施条例》规定：实施学历教育的民办高校聘任的专职教师数量应当不少于其教师总数的三分之一，对于建设有特色高水平民办高校来说，这是基本的要求。评价民办高校教师队伍的质量，重点是评价专职教师队伍中具有教授副教授职称、具有博士学历教师以及具有海外学习经历教师的比重。另外，民办高校培养的是应用型人才，需要有一支具有扎实理论基础知识和丰富实践经验的"双师型"教师队伍，要考察双师型教师占教师队伍的比重。高端人才是高水平教师队伍的重要标志。

5. 教学水平

民办高校多为教学型大学，搞好教学是其重要任务。评价民办高校的教学可从专业（学科）建设、课程教材建设、学风建设、基地建设等方面进行。专业设置应紧密结合和适应区域经济发展的需要，建立在对人才需求充分论证的基础之上，可以有长线和短线专业之分；课程建设的核心是教学内容、教学方法和教材建设，应当有规划、有措施；学风建设有利于培养学生良好的素质，使学生终身受益。通过课程建设抓教，通过学风建设抓学，这是提高教学质量的两个方面。良好的实验条件和实训基地是搞好教学的必要条件，应当加大投入，下力量抓好。目前在教学方面有很多国家级的项目，如在教学工程方面，有教育部本科教学工程项目、卓越教育培养计划项目等。在教学奖励方面，有国家级教学成果奖。在教学基地方面，有全国大学生素质教育基地、国家级人才培养基地、国家级教学示范中心、工程实践教育中心、人才培养模式创新实验区、全国创业孵化示范基地、大学生校外实践教育基地等。在教材及课程方面，有精品课程教材、规划教材、优秀教材、国家精品课程、精品视频公开课、精品资源共享课、双语教学示范课程等，民办高校应积极争取。通过指标设置，推动民办高校提高教学水平。

6.科学研究

科学研究有利于提高教学水平，促进社会服务、提升办学层次，争取校外资源、扩大学校声誉等，对建设有特色高水平民办高校有不可替代的作用。评价民办高校的科研水平，主要在以下方面。第一，课题项目。重点是国家级、省部级重大科研项目和基金项目。如国家重点基础研究发展计划、国家重大科学研究计划项目、国家自然科学基金项目、国家社会科学基金项目、国家软科学研究计划项目、教育部科学技术研究项目、教育部人文社会科学研究项目、教育部博士点基金立项课题、中国博士后科学基金项目等。第二，科研成果。重点是高水平学术成果，主要由 ESI 国际高水平论文、Nature 和 Science 论文和最具影响力国际和国内学术论文等组成。第三，科研奖励。重点是国家和省级的一些重要奖项。主要有国家最高科技奖、自然科学奖、技术发明奖、科技进步奖、国家社科基金项目优秀成果奖、中国高校人文社会科学研究优秀成果奖、教育部高等学校科学研究优秀成果奖、中国专利奖、中国标准创新贡献奖、国家图书奖、省级哲学社会科学优秀成果奖等。第四，社会服务。重点是技术和社会服务取得的成效，科技成果的转化等。要在上述方面设立相应指标，引导民办高校提升科研水平。

7.人才培养

民办高校人才培养质量评价，既要兼顾人才培养在评价方面的一般要求，更要考虑应用型人才培养评价的特殊要求。以促进"学生身心全面发展"和"满足社会需要"的人才培养质量标准为准则，从对学生的思想道德素质、业务素质、身心素质等方面来考察，在思想品格方面，评价学生的政治思想品德、健全的人格，艰苦创业、顽强拼搏、甘于奉献、敢于创造的创新创业精神。在专业基础方面，评价学生的基础理论知识、自主实验能力、综合应用技能力、科技开发能力，以及获得全国"挑战杯"创业计划大赛和课外学术科技作品大赛、全国大学生数学建模竞赛、中国青少年科技创新奖、创青春全国大学生创业大赛获奖、全国研究生数学建模竞赛获奖、国家级大学生创新创业训练计划项目、教育部研究生教育创新计划项目、国家建设高水平大学公派研究生项目的情况。就业率也是一个重要指标。要考察毕业生就业真实情况。评估民办高校人才培养质量，要立足于特色人才的培养，根据学校的不同培养目标，依照市场对毕业生的接受程度来进行。另外，杰出校友的数量，也是民办高校人才质量的评价指标。

8. 办学条件

办学条件是建设有特色高水平民办高校的重要物质保障。民办高校发展时间不长，在基本办学条件方面的积累很少，很难与国内同级同类公办高校相比，更难与国外的私立高校相比。民办高校基本办学条件的评价指标应参照《普通高等学校设置暂行条例》的有关规定，根据民办高校的实际发展情况确定，同时要考虑区域经济情况，既要有一个集中统一的标准，又要通盘考虑全国民办高校发展的区域平衡。经费是办学条件的重要内容，对民办高校经费的评估，既要看总经费来源，也要看经费的机构。西方私立高校大多以"捐资办学"为主，我国民办高校多以"投资办学"为主。由于捐资少又缺少政府资源供给，只能靠学费收入，大多民办高校办学经费紧张。建设有特色高水平民办高校，需要政府、企业全社会多方力量的鼎力支持。在经费支出上，目前民办高校用于基建费用的比例过大，要推动民办高校把更多的经费用于教学科研的发展。还要评价民办高校的校区面积、教学科研用房面积、教学设备等。通过评价，推动民办高校不断改善办学硬件条件。

9. 社会影响

社会影响是有特色高水平民办高校建设的重要评价指标。一个没有社会影响的高校不可能是高水平的高校。建设高水平民办高校，要重视社会影响力的提升。民办高校的社会影响由办学层次、媒体影响力、生源竞争力、校友捐赠和国际影响力等组成。其中，办学层次是指具有学历培养的层次，是否入选"985"工程、"985"工程优势学科创新平台建设、"211"工程，中西部的民办高校是否入选国家中西部高校基础能力建设工程和中西部高校综合实力提升工程等。校友捐赠是指民办高校接收的毕业生和社会的捐赠。生源竞争力是指民办高校录取的分数、外地生源占总生源的比重等。媒体影响力是指国内新闻媒体对民办大学的新闻报道。应引导民办高校重视社会影响，通过努力不断提升自己的社会影响力。

三、有特色高水平民办高校的指标体系及评价的基本要求

（一）有特色高水平民办高校的指标体系

在上述民办高校评价指标体系内容的基础上，分成三级考虑设计建设有特色高水平民办高校指标体系。一级指标与有特色高水平民办高校办学关系密切的九个方面，即办学思想、管理体制、学科专业、师资队伍、教学质量、科学研究、学生质量、办学条件和社会影响。二级指标体系为这九个方面下的主要内容。三级指标为具体的项目，亦即主要观察点。通过三级指标，形成有特色高水平民办高校建设的指标体系，对民办高校高水平建设进行全面评价。

在办学思想指标下，设学校定位和办学思路两个二级指标。学校定位指标，主要是办学营利性或非营利性的三级指标；办学思路指标，包括学生中心地位、校企合作、国际化办学、内涵发展等三级指标。

在管理体制指标下，设决策机构、行政体系、监督体系、民主管理、学术权力。党的专职权力有六个二级指标。决策机构指标的三级指标为董（理）事会的组成和决策，行政体系的三级指标为校长的选

拔与作用，监督体系的三级指标为监事会的组成与作用，民主管理的三级指标是教职工参与管理，学术权力的三级指标是学术委员会运行，党的权力的三级指标为党委参与决策和党的建设。

在学科专业指标下，设学科建设与专业建设两个二级指标。学科建设指标，包括学历教育本科专业数、学历教育研究生专业数、优势学科（国家、省级重点学科数、省级重点学科和特色专业，国家级的精品课程，特色名师，优秀教学团队和重点专业，学科进入教育部学位与研究生教育发展中心开展的强国一级学科整体水平评估名次等）三级指标；专业建设指标，包括专业设置情况专业发展规划、品牌特色专业率、获得国家省级重点专业数、国家省级立项建设的课程国家省级立项建设精品（优秀）教材等三级指标。

师资队伍指标下，设师资队伍和管理队伍两个二级指标。师资队伍指标，包括专任教师数量、专任教师师生比、专任教师中副教授、教授占比重、专任教师博士学位比重、国外学习经历教师的比重、高端人才数量等三级指标；管理队伍指标的三级指标为管理人员数量和学历。

在教学水平指标下，设实践教学、教学项目、教学奖励、教学基地三个二级指标。实践教学指标，包括实践教学体系、实践教学比重、职业技能培训三级指标；教学项目指标，包括获得教育部本科教学工程项目、卓越教育培养计划项目等数量；教学奖励指标，包括国家精品课程、精品视频公开课、精品资源共享课、双语教学示范课程等国家省级教学成果奖等三级指标；教学基地指标，包括省部校级教学基地、实验实习实训基地、工程技术实践中心、实训中心的数量等三级指标。

在科学研究指标下，设科研能力、科研成果、科研项目、科研奖励、科研平台、社会服务六个三级指标。科研能力指标，包括教师人均科研经费数、人均科研成果、专利情况三级指标；科研成果指标，包括高端科研成果出版著作、发表论文数及引用指数；科研获奖指标，包括国家级、省部级科学技术和哲学社科奖励等三级指标；科研项目指标，包括国家自然科学和社科基金项目、省级社科、自然科学项目等三级指标；科研平台，包括省部级重点实验室、工程研究中心、人文社科研究基地协同创新中心等三级指标；社会服务指标，包括科研成果转化率，专任教师承担企业技术开发到账经费数等三级指标。

在学生培养指标下，设学生数量、学术发展、杰出校友三个二级指标；学生数量指标，包括全日制在校学生人数三级指标；学生发展指标，包括毕业生就业率、学生获国家级、省部级各类大学生竞赛奖励、近三年应届毕业生考研人数及上线率等三级指标；杰出校友的三级指标，指杰出校友的数量和层次。

在办学条件下，设办学经费、硬件条件、教学设施三个二级指标。办学经费指标，包括教育事业收入（学费收入）/总收入、生均事业费、投资方投入占教学经费比例、教学经费占学费收入比例、事业支出中教育事业费支出比率、支出中运行费用与发展费用支出比等三级指标；硬件条件指标，包括学校占地面积、生均校舍面积、教学科研用生均建筑面积等三级指标；教学设施指标，包括图书馆藏书量、图书馆生均藏书、教学仪器设备价值、电脑装备状况等三级指标。

在综合声誉指标下，设办学层次、生源竞争力、社会声誉、社会评价四个二级指标。办学层次指标，包括高考录取批次、国家级试点项目计划、获省级以上政府奖励和荣誉称号等三级指标。生源竞争力指标，包括新生录取分数、本地生源比例、人均本科专业学费等三级指标。社会声誉指标，包括校友捐赠与社会捐赠，师生校友慈善捐赠等三级指标。社会评价指标，包括第三方评价、利益相关者评价、学生满意度、媒体报道、网络影响和网站规模等三级指标。

根据指标对有特色高水平民办高校建设影响作用，确立各类指标的权重分值具体如下表所示。

有特色高水平民办高校指标体系评价表

一级指标	分值	二级指标	分值	三级指标	分值
办学思想	8	办学定位	2	公益性	2
		办学思路	6	学生中心地位	1
				学风建设	2
				校企合作	2
				国际化	1
领导体制	9	决策机构	1.5	董事会组成与运作	1.5
		监督机制	1	监事会组成与作用	1
		民主管理	1.5	双代会作用与教师参与管理	1.5
		教授治学	1.5	学术委员会建立与作用	1.5
		行政权力	1.5	校长选人与作用	1.5
		党委作用	2	党委参与决策与党的建设	2
学科专业建设	13	学科建设	6.5	学历教育本科专业数	2
				学历教育研究生专业数	1.5
				优势学科数量	3
		专业建设	6.5	专业设置	1.5
				品牌专业特色专业率	2.5
				获国家省级重点专业建设情况	2.5
师资队伍	13	教师队伍数量	3.5	专任教师数量	2
				专任教师师生比	1.5
		教师队伍结构	8	专任教授、副教授（含相应职称）占专任教师比例	2
				专任教师博士学位比重	2
				专任教师国外学习经历比重	1
				高端人才数量	1
				双师型教师比重	2
		管理队伍	1.5	教学管理学生管理人员数量和学历	1.5

163

续表

一级指标	分值	二级指标	分值	三级指标	分值
教学水平	14	课程建设	3	课程设置	1
				教材建设	1
				教学改革	1
		实践教学	3	实践教学体系	1
				实践教学比例	1
				专业技能培训	1
		教学项目	2	教育部和省级教学项目获得情况	2
		教学奖励	3	国家省级教学成果奖励	3
		教学基地	3	获得国家、省级教学实践基地	3
科学研究	14	科研能力	2	教师人均科研经费、科研成果（专利）	2
		科研成果	1.5	高水平科研论文著作、发表论文的引用	2
		科研获奖	2.5	科研获国家级、省级奖	2.5
		科研项目	2.5	科研获国家级、省级自然科学基金、人文社科基金等项目	2.5
		科研平台	2.5	国家省级重点实验室、工程研究中心、人文社科基地等	2.5
		社会服务	3	科研成果转化率	1.5
				专任教师承担技术开发等经费到账数	1.5
学生培养	8	学生数量	2	全日制在校学生数	2
		学术发展	5	学生综合素质	1
				毕业生就业率	1
				获国家省级各类大学生竞赛奖励数	1.5
				应届毕业生考研及上线数	1.5
		杰出校友	1	杰出校友数量和层次	1

续表

一级指标	分值	二级指标	分值	三级指标	分值
办学条件	10	办学经费	4.5	教育事业（学费）总收入	1
				生均事业费	1
				业务费占事业费比重	0.5
				投资方投入占教学经费比例	1
				事业支出中教育事业费支出比率	1
		硬件条件	2.5	学校占地面积	0.5
				生均校舍面积	1
				教学科研用生均建筑面积	1
		教学设施	3	图书馆藏书量	1
				图书馆生均藏书	0.5
				教学仪器设备价值	1
				电脑装备状况	0.5
综合声誉	11	办学层次	3.5	高考录取批次	2
				国家级试点项目计划	1
				获省级以上政府奖励和荣誉称号	0.5
		生源竞争力	2.5	录取新生分数线	2
				本地生源比例	0.5
		社会声誉	2.5	校友及社会捐赠	2.5
		社会评价	2.5	第三方评价、利益相关者评价	1.5
				媒体报道、网络影响和网站规模等	1

（二）有特色高水平民办高校评价的基本要求

构建有特色高水平民办高校指标体系，旨在对有特色高水平民办高校建设进行评价。有特色高水平民办高校评价是一项复杂的工作，为了把评价工作开展好，需注意以下几点。

第一，树立科学的评价观。开展建设有特色高水平民办高校评价是一把双刃剑，用得好，能够促进民办高校各方面工作的良性运行，用不好，则可能给民办高校的教育教学工作带来负面效应。为此，要树立科学的评价观，正确认识评价的功能，科学理解和领会评价的要求，准确把握评价对学校工作的导向作用，保证评价有利于推动高水平民办高校建设。

第二，树立民办高校发展的"增量意识"。民办高校的现有基础包括现有的生源情况、现有的教学条件、现有的社会环境等，都不如公办高校，因此不能简单地用公办高校的评价标准去评民办高校。根据民办高校的实际状况，评价民办高校现阶段的质量标准应强调"增量意识"，即民办高校在现有基础上，通过努力实现多大程度的增量，应关注增量的大小并以此作为评价的依据和重点。

第三，坚持评建结合，以评价促发展。教育部提出本科教学水平评价的"以评促建、以评促改、以评促管、评建结合、重在建设"的工作方针，反映出评价是手段、建设才是目的的要求。有特色高水平民办高校评价应注意评建结合，以评价促发展。评价的过程固然重要，但评价后对其不足或缺陷完善情况的跟踪也不应放松。不能测评完了，评价工作就结束了，还要关注评价后该修正的、该补充的是否已执行或落实，防止把有特色高水平民办高校建设评价看成临时性工作，应付了事。

第四，体现评价工作的透明度。建立有特色高水平民办高校建设评价网络信息平台。在评价工作开始前，通过网络信息平台发布评价公告，包括评价工作的时间安排、具体流程、工作形式、评价对象、评价具体内容和要求等。评价开始后，定期在信息平台上发布评价工作的有关信息、工作进行情况。评价完成后，及时对评价情况进行研究，包括评价的过程、评价的原则、评价的指标、评价的结果、发现的问题、主要建议等，形成评价报告，并通过评价网络信息平台向社会公开。评价工作完成后，要对评价工作之后的工作进行跟踪评价。体现评价工作的透明度，增强社会信任度。

第五，建立与评价相联系的激励机制。开展有特色民办高校建设评价，目的在于调动民办高校发展的积极性。应发挥评价的引导作用，促进民办高校在评价后深化各项教育教学改革的积极性，营造学校之间相互比较、相互激励、取长补短、共同提高的氛围，促使民办高校走上良性发展的快车道。与支持公办高等教育发展一样支持民办高等教育发展，对办学水平评价良好的院校给予资金或相关政策扶持，激发民办高校办学的积极性，增强其发展动力与活力。

第六，加强评价工作的领导。《中华人民共和国民办教育促进法》第6章第44条明确规定："教育行政部门及有关部门依法对民办学校实行督导，促进提高办学质量；组织或者委托社会中介组织评价办学水平和教育质量，并将评价结果向社会公布。"显然，对有特色高水平民办高校进行评价是政府的责任，政府应当担负起建构民办高校评价制度的职责，制定有特色高水平民办民办高校建设指标体系，组织高水平民办高校建设评价工作，重视被评价对象的特点和发展变化情况，出台建设有特色高水平民办高校建设的意见，推动建设有特色高水平民办高校工作发展。

第七章
建设有特色高水平民办高校若干案例

在民办教育界，中国民办教育协会提出的"三思、二律、二十四字办学"，逐渐得到大家的认可。"三思"，指教育家思想、企业家思想、战略家思想联合办学。"二律"，指遵循教育规律（宏观）、遵循经济规律。"二十四字办学"，指"遵循教育规律（微观），贯彻教育方针，优化教育方式，追求教育质量"。对民办高校来说，也是如此。应当说，民办高校自身的建设，是永恒的主题，而有特色高水平民办高校的建设，更值得我们认真加以研究。为此，我们选取了浙江省、山东省、河北省、河南省、海南省和江西省八所比较有特色的民办高校，简要地予以介绍。

一、浙江树人大学建设高水平民办高校的经验

（一）浙江树人大学简介

浙江树人大学（浙江树人学院）1984年由浙江省政协主办，是浙江省应用型试点示范学校。在武书连2016和2017年中国民办大学排行榜中学校综合实力均排名第一。

学校弘扬"立德树人、为国植贤"的办学宗旨，秉承"崇德重智，树人为本"的校训，办学30余年来，努力建设教学服务型大学，着力培养高级应用型人才。目前，学校拥有杭州拱宸桥校区与绍兴杨汛桥校区，总占地1220亩。拱宸桥校区位于京杭运河之滨、素有"人间天堂"美誉的杭州市区，杨汛桥校区位于历史文化名城绍兴市，"两桥"交相辉映，是人杰地灵、读书求知的理想之地。

学校现有11个二级学院，在校学生16000余名。学校设有42个本科专业，其中国家特色专业1个、省重点专业4个、省优势建设专业1个、省新兴特色建设专业4个、省特色建设专业3个。学校拥有教育部国别和区域研究中心1个，省一流学科5个、省哲学社会科学基地和省重点创新团队各1个，校级研究机构23个，国际合作平台和科技合作平台各1个。学校教学设备总值1.7亿余元，图书馆藏书约168万册，电子图书约88万种，2016年度学生读者最高借书量为300余册。

学校坚持人才强校发展战略。学校教职工共1200余人，其中专任教师920余人，博士150余人，45%以上的教师具有副高以上职称；全国杰出专业技术人才、国家级有突出贡献中青年专家、全国优秀教师、省"新世纪151人才工程"重点资助人才、省中青年学科带头人等高层次人才50余人。学校正通过"千人业师"与"百业培师"计划，加强"双师双能型"教师队伍建设，努力为学生的成长成才和学校的建设发展提供强有力的人才和制度保障。

学校致力提升学生培养质量。近五年来，邀请480余位业界人士来校协同授课，不断优化师资结构。学校现有"浙江省养老与家政产业学院""山屿海商学院""绍兴黄酒学院""华为网院"及由院士领衔的"树兰国际护理学院"等行业学院和"红石梁班""盛全班""聚光班"等订单班、校企合作（虚拟班）共50余个。学校建有校外实习实训基地192个，其中获国家级大学生校外实践教育基地1个、国家大学生创新创业训练计划项目35个。近年来，学生获得国家级和省级科技竞赛550多项，其中2016年在浙江省大学生科技竞赛中获一等奖9项。学校建有"大学生创业产业园""创客文化广场"等大学生创新创业载体，专门为培养高级应用型人才提供服务。同时，学校设有"考研班"，为学生考研升学提供帮助与服务，考研学子以优异的成绩被浙江大学、华东师范大学、郑州大学、浙江工业大学等知名院校录取。近三年，学校新生报到率95%以上，本科毕业生就业率约97%，深受用人单位青睐。

学校校园文化丰富多彩。持续推进"学术课堂""优秀课堂"与"文明寝室"建设，通过"文化艺术节""科技创业节""我心目中的好老师""优秀大学生报告团"等载体打造"四季树人"校园文化，着力提升学生的综合素养。同时，学校注重开放办学，积极开展国际交流与合作，与日本、韩国、白俄罗斯、澳大利亚、美国、加拿大、英国、法国等国家以及我国香港、澳门、台湾等地区的60多所院校和机构建立了友好合作关系，每年选派优秀教师赴境外访学、进修、开展科技合作；选拔一定数量的优秀学生赴境外高校交换学习、实习，开拓学生国际视野，促进文化交流。

当下，学校正全面实施"十三五"事业发展规划。未来五年，学校以立德树人为统领，全面提升办学条件，全面提升办学水平，全面提升人才培养质量，全面加强队伍建设，全面实施"质量立校、人才兴校、学科强校、服务特校、开放活校、凝心聚力"发展战略，努力做"民办高校发展的引领者""民办高等教育改革先行者"，为中国民办高等教育事业发展提供"浙江方案"和"浙江样板"。

（二）浙江树人大学争创高水平民办大学的措施

2009年至今，浙江树人大学争创高水平民办大学已历经8年，成果丰硕。八年来，浙江树人大学始终将高水平民办大学作为办学目标，所采取的措施如下。

浙江树人大学在中长期发展规划中，提出了质量立校、人才兴校、学科强校、服务特校、开放活校和凝心聚力等建设教学服务型大学的六大战略。为加快推进教学服务型大学建设，浙江树人大学从五方面着力推进。

第一，以生为本，以师为尊，将服务理念融入大学制度设计，确立教学服务型大学办学理念。

《国家中长期教育改革和发展规划纲要》指出，现代大学制度的核心是"教授治学、民主管理"。学校将以服务理念为导向，把生本理念与尊师理念融入大学制度创新，使大学组织管理面向学生学习需求，服务教授治学需求，这是作为教学服务型大学内部制度与组织改造的必然要求。教学服务型大学是一种全新的大学发展定位，强调以教学为中心，以服务为宗旨，把服务贯穿学校工作全过程，以满足社会发展需要为己任。树人大学一直坚持注重质量与内涵的发展，坚持"崇德重智，树人为本"的校训，坚持"以生为本、以师为尊"的办学理念，在过去的十多年发展中取得了巨大成就。面对"十三五"时期的新环境和新机遇，学校领导班子转变观念，以"提升内涵，强化特色"为发展主题，以高级应用型人才培养为主线，以服务为宗旨，服务师生的教和学，改造管理流程，面向社会需求，强化社会服务功能，把提高办学质量作为学校发展的第一要务。据此，学校不断强化"生本意识、质量意识和市场意识"，提出了"创新主导、人才兴校、强院为基、民生为重"的管理理念，并形成了"质量立校、科研兴校、人才强校、开放活校、民办特校"的发展战略。因此，学校立足浙江、面向长三角、辐射全国，致力于建设一所综合实力在民办高校中处于一流、部分学科和研究领域在全国高校中有重要影响、富有特色的教学服务型大学。

第二，服务需求，校企合作，创新应用型人才培养模式。教学服务型大学要求大学的管理者既要理解大学本身的学术价值，又要理解政府、企业的组织文化内涵，善于将大学组织文化带到政府企业中去，修改并实施更有利于教师参与社会服务活动的规章制度；同时，大学又要以包容的姿态接受企业文化价值的进入。同时，也要改造教学组织形式与评价制度，将教学过程融合到企业社会经济活动中去，走出传统评价中注重分数忽视实际应用能力的评价误区，积极引导师生深入企业经济活动，鼓励他们走出大学、融入社会。对教学服务型大学而言，教学是中心工作，人才培养是根本任务，整体上要服务区域经济与社会发展需求，必须以服务区域经济、科技与文化等产业发展为导向布局学科专业体系，必须以服务学生成长规律与需求为依据构建新的知识体系，突出教学服务型大学的应用性基本特征，创新高级应用型人才培养模式。根据《浙江省国民经济和社会发展第十三个五年规划纲要》，围绕传统优势产业转型升级、现代服务业和战略性新兴产业发展，学校提出了"做强服务业、做大商科、做特工科、做活文科"的专业结构调整布局基本思路。早在2009年，树人大学就成立了国内第一所现代服务业学院，并针对"十三五"期间浙江大力发展商贸物流、休闲旅游等产业经济的情况，对专业结构及其院系设置进行调整，形成了现代服务业专业建设群落，在知识、技术与人才等方面满足服务地方经济发展的需求。

在服务社会需求人才培养理念的指引下，树人大学围绕培养目标、培养内容、培养制度以及培养方式等四个基本要素，积极探索高级应用型人才培养模式的创新。

一是确立"高级应用型人才"培养目标。2003年伊始，学校以明晰本专科差异、树立本科意识为主要内容，开展教育思想学习活动，明确了"以应用为宗旨，以就业为导向，细分劳动力市场，走差异化目标定位"的思路。2005年明确提出了"高级应用型人才"培养目标，主要培养技术应用型、服务应用型与复合应用型人才，明确了"培养满足社会多元化需求的适应21世纪经济建设和社会和谐发展需要的'基础扎实、知识面宽、人格健全，具有较强适应能力、实践能力和创新创业精神的高级应用型人才'"的人才培养基本定位。

二是优化人才培养方案。学校在高级应用型人才培养目标下，以"突出应用意识、强化能力培养、注重创新创业精神"的理念优化课程结构，完成了"平台＋模块"的课程知识体系改造，突出实践教学，科学制定学校各专业的人才培养方案，着力于应用性专业群建设、应用型培养体系的构建。

三是实施多样化培养路径，推进培养模式改革。根据浙江区域经济转型升级的现状，为服务社会需求、强化校企校地联动，学校以人才培养模式改革为纽带，以实践教学为核心，实施了"订单班""3+1""2+2""企业冠名班"等一系列校企合作模式，培养现代服务业专门人才，强化产学结合，以推进校企校地合作。同时，学校以项目为载体，实施重点建设，于2006年启动和实施了"教学质量工程"，推进人才培养模式改革。

四是注重制度创新，点面结合，形成培养特色。学校注重在改革过程中的制度性支持，2009年启动了以课程改革为核心、以教学方法和校企教学团队建设为两翼的（"一心两翼"）"课程改革三年行动计划（2013—2016）"；学校在中长期规划的指引下，将进一步深化高级应用型人才培养改革，着力启动与实施"人才培养模式创新行动计划"；与校友企业中博集团合作筹建"中博会展旅游学院"。

第三，校地互动，重点战略，增强服务社会能力。作为教学服务型大学，主要以人才培养为根本任务，同时必须加强科研水平的提升，为服务地方经济打好基础。缺乏科学研究的大学是缺乏真实内涵的大学，教学服务型大学必须改变传统的科研评价体系，改变追求纵向的甚至基础性研究项目而应用性不强的现状，加强与地方政府、企业以及社会团体的合作，加强横向项目研究驱动力，提升科研竞争力，促进科技知识传播与应用，推广科技成果转化，与地方经济发展紧密对接。作为一所民办高校，树人大学在国内民办高校中较早重视学校的特色学科建设与科研工作，并根据教学服务型大学应用性、开放性的基本特征，逐步走出"象牙塔"，重视社会服务功能的拓展。因此，学校一直实施科研强校战略，发挥优势学科在国内的学术领先地位和影响力，实行重点研究领域布局战略，鼓励知识和科技创新，坚持科研为成才服务、为社会服务的方向，培育学科特色，强化学科团队建设，形成服务于地方经济发展需求的学科群落。近年来，学校高度重视学科建设与科研工作服务地方产业结构调整与发展，成立了服务"社会需求"的产学研领导小组，大力推进与地方政府、企业等的合作，初步形成了产学研政合作的机制与模式，与义乌、台州、海盐、海宁、磐安、嘉善以及桐庐等地区的县市政府进行合作，并与地方100多家企业签订了产学研合作协议，形成了学校与地方经济之间较为广阔的合作面。在学校中长期发展规划中，树人大学确立了"现代服务业、民办高等教育研究、生物环保技术以及战略性新兴产业相关领域"作为科研发展战略重点，并在每一个重点下面列出了3~5个优先主题，围绕地方经济发展需求调整学科专业发展战略布局。学科建设紧紧围绕国家和省市重大科技目标、战略性新兴产业和浙江社会经济发展需求，继续发挥优势学科在国内的学术领先地位和影响力，优化结构培育特色，建设服务于地方经济发展需求的学科群落。科技服务面向政府、企业发展需求，整合科研学科团队力量，形成一批满足经济社会发展需求的高水平的科技成果，增强科研服务地方经济发展的合作水平与服务能力。

第四，调整结构，提升素质，建设水平高、能力强的师资队伍。教学服务型大学面向实践应用，服务社会发展需求，师资队伍建设既要注重学术性与应用型人才的结构关系，又要不断提升教师的社会服务水平和能力，改变传统师资局限于纯粹学术研究的基本状况。因此，要改造科研评价与奖励制度，走出传统评价中以纵向项目为基轴的框架，以服务地方经济发展需求为导向，引导教师注重科研工作的应用性价值；改造传统的基于"学科中心主义"的教师发展模式，改造传统的评聘、考核和培训制度。在教学服务型大学定位下，加强培养教师的实践教学能力，鼓励青年教师深入企业，鼓励学院在相关专业的科研院所、企事业单位设立培训进修点，鼓励教师从纯粹的学术型向应用型、服务型转变；同时，学校加大了高层次人才建设的力度，着力提升教师的教学科研和创新能力，努力构建一支整体素质较高、结构基本合理，满足创建高水平教学服务型大学需要的师资队伍。

第五，柔性设计，制度创新，改造大学的组织服务流程。教学服务型大学以服务理念为宗旨，不仅要融入社会、服务社会，走出"象牙塔"，而且要借鉴现代教育服务理念和服务科学理论，在大学内部管理理念与组织设计上适应服务社会的需求，适应服务教学科研的需求，适应服务师生的人本需求。因此，教学服务型大学要将服务理念融入大学理念之中，确立现代的、开放的大学理念，使学校发展站在一个全新的高起点上。当前，虽然许多学校强调社会服务功能，强调服务教学科研，但是在内部制度与组织设计以及管理流程上仍沿袭了旧模式，导致内部学术与外部经济之间的机制衔接不紧密。为此，学校提出了"创新主导、人才兴校、强院为基、民生为重"的管理理念，在学校内部管理上服务创新需求，服务人才需求，服务基层学术需求，服务民生需求。本着"以生为本，以师为尊"的办学理念，学校把生本理念与尊师理念融入大学制度创新，把服务理念逐步融入组织设计与管理流程，在大学组织管理上面向学生学习需求，服务教授治学需求，体现"教授治学、民主管理"，把对大学组织和管理流程的改造落实到服务教学和科研的目标上。同时，大学内部组织优化与服务流程改造必须面向社会经济发展的需求，推动教学、科研为社会服务。因此，建立面向政府、企业和社会产业经济发展的组织合作机制对教学服务型大学而言非常重要。大学的管理者既要理解大学本身的学术价值，又要理解政府、企业的组织文化内涵，善于将大学组织文化带到政府企业组织之中；同时，大学又要以包容的姿态接受企业文化价值的进入。学校对教学组织形式与评价制度、科研评价与奖励制度、教师评聘考核与培训制度以及学校与政府、企业等组织多种合作制度进行了改革，推动学校对外部组织边界的开放与渗透。这是教学服务型大学制度与组织改造的必然要求，也是促进学校在教学服务型定位下转型发展、提升内涵的必然要求。

（三）浙江树人大学争创高水平民办大学的办学经验

根据学校第四个四年发展规划确定的重要指标和工作内容，根据学校2016年工作的总体思路"努力学习、认真总结、培育特色、以建迎评"，在广泛听取广大师生员工意见的基础上，学校领导班子将学校办学特色和经验总结为六个方面。

1. 以"树人模式"为主线的树人大学民办体制与机制特色

创建树人大学本身就构成了特色。学校33年来始终坚持民办性，积聚了不少经验。而形成的树人大学民办性具有自身的一些特点，树人大学是一种民办模式，而这种模式有其自身的许多长处。浙江省政府在新树人大学成立的批文里明确指出："新的浙江树人大学民办的机制不变。"坚持民办性是学校办学必须坚持的一个重要思想，而且是体制和机制的优势所在。

2. 以现代服务业和民办高等教育为重点的树人大学学科建设特色

学校的学科建设在民办高校中起步早、进展快。特别是国际经济贸易与高等教育学两个学科，在科学研究、人才培养、团队建设、服务社会诸方面成效显著，已经成为省内外有一定影响的重点学科，并被批准为浙江省重点学科（A）。学校的学科建设，应该以这两个学科为引领，增强重点学科的辐射能力，认真总结经验，扬长避短，差异发展，积聚力量，重点突破，形成有自身特色的学科体系，服务学校的可持续发展。

3. 以高级应用型为目标定位的树人大学人才培养模式特色

树人大学人才培养模式强调专业设置的应用性、培养人才的应用性，从发展早期就抢占了不少"人无我有"专业的先发优势。而学校升格为本科院校后积极探索人才培养模式改革，2005年上半年，树人大学在全国最早提出高级应用型人才的目标定位，事实证明，这个定位是准确的，是符合学校实际情况的，也是符合科学发展观要求的。近年来树人大学在人才培养目标的设计上，在实施人才培养的过程中也积累了不少经验。学校有了两个优先，"定位在高级应用型人才优先，全面实施教学质量工程优先"。现在决不能仅仅满足于优先，而要深入探讨与形成"高级应用型人才独特的培养模式"。下一步，学校要进一步明晰高级应用型人才的目标，在"知识、能力、素质"的协调发展上形成人才的鲜明特征。

4. 以专兼结合、结构合理、素质优良为要求的树人大学师资队伍特色

教师队伍的结构、成长环境和方式，是民办高校教师队伍的内涵所在。对专职教师建设要寻找适应学校实际情况的路子，坚持不懈地把师资队伍建设摆在学校第一工程的位置，坚持不懈地加强百名骨干师资队伍的建设，加强学科带头人的培养和教师队伍结构的调整及优化，重视教师知识结构、教学能力与研究开发能力的独特性，尤其要把教师对学生充满爱作为一项基本的共同要求，在树人大学形成一个

"尊师爱生"的良好风尚，形成教学相长的良好局面。

5. 以东亚地区为重点的树人大学对外交流与合作特色

树人大学成立之初就开始了与日本之间的合作与交流，在民办高校中树人大学是最早开展对外合作与交流的。新树人大学成立以来，除进一步加大、加快与日本的交流外，学校开始加强了与韩国、我国台湾地区和香港地区的交流与合作，已经形成了较好的基础和影响。

6. 以"崇德重智、树人为本"为核心的树人大学校园文化建设特色

浙江树人大学的校训"崇德重智、树人为本"，既体现了中国传统的优秀文化，又明确了学校的办学理念、办学方针，同时也蕴含了校园文化的灵魂，具有丰富的哲学内涵和现实价值。

第一，以德育为先导。《大学》开篇就指出："大学之道，在明明德，在亲民，在止于至善。"《周易》中说："天行健，君子以自强不息，地势坤，君子以厚德载物。"浙江树人大学的校训以德为先，充分反映了办学者在学校办学理念上的选择，即以德治校，以德育人，充分体现了中国优秀的传统文化精髓，也反映了教育的本源和核心要义。"崇德"理念内涵丰富，包括育生德、扬师德、树校德。所谓"生德"就是学生的思想品德和综合素养，即让广大学生确立自信、自强、勤奋、文明的品格，以奠定成长成才的基础。所谓"师德"就是教师严谨治学、忠于职守的精神，全体教职员工在教书育人、管理育人、服务育人方面做出新的业绩，以奠定安身立业的基础。所谓"校德"就是学校对社会和全体师生的责任，即通过人才培养、科学研究、社会服务和文化引领实现自身的发展，进而促进社会和师生的发展。33年来，学校通过建立和完善各种有效的机制，力争使学校的每一项工作，师生的每一个言行都能体现出这一宗旨。

第二，以质量为根本。"重智"，承接崇德，在词语构成上与崇德

是并列关系，体现了一所高等院校"德、智"并重的理念。所谓的智，在软件上主要体现在学风、教风、校风，而在硬件上就是要强化学生、教师及专业三个层面的选择性。近年来，学校根据国民经济发展的总体情况和浙江经济发展的需要，将人才培养定位为培养基础扎实、知识面宽、人格健全，具有较强适应能力、实践能力和创新创业精神的高级应用型人才，通过实施教学质量工程，开展人才培养模式改革，推进课程体系改革等举措，强化学生动手能力、实践能力、创新能力。学校致力于构建一个能让学生确定与自身相适应的智育发展的空间，致力于让教师明确适合自己的岗位，致力于使专业更加符合市场需求和学生的需要。

第三，以创业创新为动力。33年的办学实践，学校把总结创业之艰作为一种精神。"是非经过不知难"，浙江树人大学的办学史就是一部创业史，也是一部创新史。认真总结多年的办学经验，既是把创业创新精神一以贯之，更是学校实现新发展的精神动力。学校将创新之实作为一种作风，扎扎实实地落实到具体的工作环节上。创新是一种意识，也是一种作风，创新必须落实到实实在在的工作中去。学校将敬业之诚作为一种支撑。这里讲的不仅是诚信，还有管理干部队伍和教师队伍的素质和能力。学校努力构建有效的机制，使管理队伍和师资队伍不断提高了认识，丰富了知识，增长了见识。

第四，以人的发展为目的。《管子·权修》中指出，"一年之计，莫如树谷；十年之计，莫如树木；终身之计，莫如树人"。浙江树人大学的校训，以"树人为本"作为对应的下半句，正体现了"十年树木，百年树人"的教育应有的历史使命和巨大的责任。树人为本，就是以学生为本，以教师为本，这既是科学发展观的核心，也是学校一切工作的终极目的。33年来，学校的各项工作都围绕"德"和"智"展开，每个系统和环节都以师生的全面发展为目的，从而达到了"树人为本"

的目标。

第五，以育人成才机制为核心。在高等教育大众化、信息网络化、学生价值观多元化和学生素质多样化的背景下，学校的学生工作始终紧扣"民办高校大学生如何在激烈的社会竞争中脱颖而出"的核心问题，按照高级应用型人才培养的要求，坚持立德育人，牢牢把握住学风建设这个学生成才的关键环节，不断创新工作机制，大力推行成才规划、明德计划，具有浙江树人大学特色的育人机制逐步形成。以成才规划为例。2002年，学校从提高学生学习内驱力入手，提出"以成才规划引导学生成人成才"的工作思路，经过历时15年的摸索与实践，一项贯穿于学生大学学习、生活、实践以及就业每一个环节的成才规划最终成型。从针对刚入校的新生进行的大学生涯规划，到针对中高年级学生开展的职业生涯规划，再到针对毕业生开展的职业发展规划，直至针对毕业生进行职场新人职业发展规划指导。成才规划已成功渗透到大学生成长成才的每一个阶段与环节，为学校良好校风、学风的形成奠定了坚实基础，对其他高校也具有较强的借鉴意义和推广应用价值。

学校在基本明确了人才培养目标定位的同时，坚持开展教学质量工程，在人才培养的目标体系、课程体系和评价体系上认真思考，积极实践，明确核心的目标，确立核心的课程，找准核心的评价指标，进而提升学生的核心竞争力。同时，为推动良好的学风、校风建设，学校在1999年就开展了"树优良学风，建文明校园"活动，并始终坚持不懈。经过十多年的努力，学校将学风集中教育活动定期化、制度化，师生参与面广，学风建设成效显著，"学风优良教学班"数量明显增多，学生在各类省市科技竞赛中获奖人数逐年增加，考研录取的学生逐年增多。种种现象表明，学校学生学习的自觉性、积极性明显提高，学习的内驱力明显增强，优良的学风正在逐步形成之中。

树人大学成立以来，学校不断明晰办学理念、办学精神、校园建设、校园美化、校园和谐，积淀办学经验，校园文化的内容不断丰富与深化，逐渐形成了一定的文化力，成为育人的宝贵财富与重要力量。

二、河北山东河南五所民办高校特色化办学的实践探索

（一）河北传媒学院突出专业培训教育与社会急需相结合

河北传媒学院是一所以传媒、艺术类专业为主，艺术学、文学、工学、管理学等多学科兼容的普通全日制本科院校。始建于2000年，最初名为石家庄影视艺术职业学院。2007年3月经教育部批准升为本科院校，更名为河北传媒学院，成为河北省第一所传媒类全日制民办本科院校。2009年6月获得学士学位授予权。2011年10月经国家学位委员会批准获得全日制硕士研究生招生资格，成为全国首批进行硕士研究生教育的民办高校，进入国家高端人才培养行列。

学校占地面积1372929平方米，建筑面积407073平方米。建有兴安校区、警安校区、学府校区，其中兴安校区规划用地1500亩，为河北省重点工程项目，一期工程建设已基本完成。教学仪器设备值6352万元。纸质图书120余万册，电子图书200万种。校园网覆盖全校教学、办公和生活区域。学院建有各种教学场地，配有非线性编辑室、录音棚、摄影棚、虚拟演播实验室、语音实验室、多功能演播厅、黑匣子、大剧场等实习实训场地。学校现有36个本科专业，26个专科专业，3个专业硕士研究生专业，涉及艺术学、文学、工学、管理学等学科门类。现有教师1049人，其中具有硕士以上学位的429人，有高级职称的465人，有行业工作经历的双师型教师271人。普通全日制在校生14021人，其中本科生114455人，硕士研究生103人。

学校2012年开始招收艺术硕士（广播电视领域）专业学位研究生，艺术硕士下设有电视编导与制作、移动媒体视频节目创作、播音与主持艺术、动漫创作、编剧、传媒音乐应用、电视广告等研究方向。2015年开始招收新闻与传播硕士和翻译硕士。

河北传媒学院十几年的迅猛发展，得益于国家政策的支持，更是创办人第十二届全国人大代表、国家督学、精英教育集团董事长翟志海以及校长和全体教师的共同努力的结果。学院以"传媒是社会的良知，人类的道义"为校训，从自己的办学定位和专业特点出发，确立了能适应文化产业和地方社区文化事业一线岗位需要的、有创新创业能力的职业技能型人才的培养目标，专业培训教育与社会急需相结合。

河北传媒学院根据培养目标，探索形成了"一条主线，两种资源，三个融合，五个实践平台"的思路。一条主线：以创新创业能力培养为主线，贯穿教育全过程；两种资源：充分利用校内资源和社会资源，实行开门办学；三个融合：专业与产业融合、课堂与"舞台"融合、教学与创作融合；五个实践平台：由校内实验实训基地、专家工作室、文化创意产业园、校外企业、社会舞台组成的实践教学基地体系。

学院积极与行业企业合作，建有106个校外实习基地，如中视文化传播公司、新华网、河北广播电台、河北电视台、河北天明公司、九州联创集团、超越体育文化公司、正定电视台、栾城电视台，以及北京、浙江等地的文化企业。与北京星光拓诚投资有限公司和河北教育出版社有限责任公司共同建设的两个实习基地被评为"河北省大学生校外实践教育基地"。学生们在校外实习实训基地以参与实际项目的形式进行创作，其创新创业能力得到了极大的培养和提高。同时，创新性地开创了专家工作室制度，汇集了国内外专家学者以及业界精英，共研市场项目，碰撞高端智慧，生产艺术精品。专家工作室包括朗格尔工作坊、梁明导演工作室、沈星浩导演工作室、梁伯龙戏剧工作室、付林音乐工作室、何宝通工作室、晏钧设计工作室等31个专家工作室。并邀请国内外诸多名家大师到校讲学，如希腊著名摄影师彼得罗斯、中国音协流行音乐学会主席付林、表演艺术家祝希娟、京剧大师孙毓敏、著名电视节目主持人张绍刚、中国国家话剧院一级导演田沁鑫、纪录片《乡村里的中国》导演焦波等。这些大师以自己独特的风格、国内外最高的业务素养，与学生面对面沟通交流，手把手地指导实际操作，既为师生带来了前沿理念，同时也为师生带来市场信息乃至合作项目，使学校的创新创业教学更加贴近实践、贴近社会需要。

作为传媒类学校，学院积极为文化创意产业服务，努力进行教育创新、产品创作、项目孵化和人才培养，创新创业项目的类型主要集中在"4+1"个领域。其中的"4"指：一是以剧院舞台为平台的综艺、音乐、舞蹈、话剧、舞台剧等文化产品项目；二是以院线、广播电视、网络为平台的电影、电视剧、动画等文化产品项目；三是以媒体融合为平台的各种传播类文化产品项目；四是以工艺品设计制作为平台的各种艺术设计产品项目。"1"指：以各类竞赛为平台，学生自主参加创作的文化产品。学院根据以上产品项目的不同特点以及切入市场的不同方式，摸索文化创意产品市场的运行规律，形成了不同的创新创业项目的孵化模式。而孵化模式主要围绕"4+1"领域进行。

模式一：以剧院舞台为平台的综艺、音乐、舞蹈、话剧、舞台剧等文化产品项目的直接孵化模式。对于以综艺节目、话剧、音乐剧、舞蹈剧等为代表的原创文艺作品项目，采用舞台演出的孵化模式直接进入文化市场，并转换成经济效益。为此，该院精心培育了"精英剧场"作为学生创新作品的孵化器，现在已成为河北省商业演出的第一品牌。表演艺术学院、舞蹈艺术学院师生创作的大量优秀作品在这种孵化模式下得到实际演出，产生了良好的经济效益和社会效益。比如表演艺术学院的师生在精英剧场演出了多部原创作品，如原创亲子互动教育儿童剧《爸爸在哪儿》是国内首部以"家庭亲子关系"为主题，融艺术性、娱乐性、互动性与教育功能为一体的专业儿童剧，受到省会家长和儿童的热捧，2016年开启全国巡演；爱国主义多媒体儿童舞台剧《小兵张嘎》，成功申请国家艺术基金支持，2016年5月20日实现首演。此外，还演出了多部反映时代特征和社会伦理文化的剧目，如《七十七块七毛七》《过年过的是寂寞》《奔跑的灵魂》《谈谈情跳跳槽》《隐婚男女》等剧目，演出场次已达上百场，演员阵容强大，演员功底扎实深厚，深受观众喜爱和好评。从2012年到现在，我校师生在精英剧场已演出366场剧目，演出人员已达数百名，观众达10万余人次。

模式二：以院线、广播电视、网络为平台的电影、电视剧、动画等文化产品项目的合作孵化模式。对于院线电影、电视剧、动画片等大体量的影视剧产品，该院采用与文化传媒公司合作的模式进行项目孵化，师生的智慧和创意以及制作技术加上文化传媒公司成熟的商业运作模式，使这一类产品得以进入市场推广并产生经济效益。例如，该院与北京盛世良人文化传媒有限公司合作的聚焦中国留守儿童教育问题的电影《旗》，进入院线发行，并获得国家金鸡奖最佳导演、最佳儿童片和最佳音乐三个奖项的提名。与北京中国成语故事文化传播公司联合制作的1000集少儿古装电视剧《中国成语故事》，在北京人民大会堂举行发行仪式。与河北精英动漫公司合作的"叶罗丽"项目，是以"叶罗丽"品牌为核心、以同名动画为主要内容载体、以玩具娃娃类商品为主要商品的动漫跨界文化产业项目。目前已向市场推出《精灵梦叶罗丽》动画片3季78集、拥有5项国家核心专利的叶罗丽多关节可动娃娃、大型魔幻舞台剧《叶罗丽》、中国首个使用3GS技术的少女养成型游戏《叶罗丽》、Q版三维动画与实拍场景剧《叶罗丽宝贝》等系列产品。

模式三：以媒体融合为平台的各种传播类文化产品项目的"互联

网+"孵化模式。对于学生创作的数字传播类的文化创意产品，比如微电影、网络系列剧等，采取与互联网发行媒体合作，以"收看付费票房分成"的模式，孵化大量有发行诉求的学生作品。在当前互联网开放式的观影模式与微电影低成本的制作模式下，该孵化模式有效实现流量变现，创造了经济效益。比如，影视艺术学院学生李洪绸创办的优优映视出品的三季44集新媒体电影《毛骗》，以点播付费的方式在优酷发行，全网点击量5个亿，有效播次以10%计算可达5000万；前两季免费播放，最后一季付费收看，与发行方以五五分账的模式计算，该片投入市场后的主营业务收入可达2000万。传播学专业与新华网和河北音乐广播合作，组成"融媒体中心"，学生"CEO""员工"约有1000人，办有报纸、广播台、电视台、网站、微信平台等，其中仅电视台就有编导、表演、人物形象设计、播音主持、摄影摄像、后期制作、频道管理、节目播出等学生"团队成员"200多人。他们还创造了把"声音变成产品"的创作之路，创做出了具有自己特色的音乐作品和"声音电影"，使电影更加形象地被盲人欣赏，再以"互联网+"的模式在网络发行，实现了创新力转化为生产力的孵化模式转变。

模式四：以工艺品设计制作为平台的各种艺术设计产品项目。对于师生原创的以手工首饰、京绣工艺品、软陶工艺品、包装设计等为代表的工业设计产品，在保护知识产权的基础之上，采用校园展销、参加展会、产品展示的方式进行项目孵化。通过在全国乃至国际级的展会上展示创新产品，赢得市场认可，获得合作项目，从而树立品牌、扩大知名度，实现项目的成功孵化。比如，学校参加2016上海国际珠宝首饰展览会，所展出的手工首饰，手工软陶本以及京绣作品均由本校师生手工制作，创新性地将京绣装饰到首饰上，赢得了参观者的青睐，称赞每一件展品都是创新之作，兼具时尚性和艺术性，将中国传统文化艺术与当代艺术结合得非常巧妙。

模式五：以各类创新创业竞赛为平台，通过路演获得风投的孵化模式。积极组织学生参加各类创新创业竞赛，通过路演展示其创新创业优秀成果和企业构思，赢得风险投资商的青睐获得注资，使创新成果转化为产品并创办自己的企业。比如，该院学生陈辉、荣雪峰创办的"播音主持百科网"项目获得2014年"创青春"河北省创业大赛特等奖，在比赛现场就赢得了风险投资商的青睐、获得了投资，于2016年成功创办了自己的公司"河北很高兴遇见你文化传媒有限公司"。在校研究生冯时主创的惊悚题材剧本《我的同学不是人》，讲述了由于环境污染，造成了变异人的出现，从而引起大恐慌大混乱的故事，用疯狂怪诞的手法揭露了人性的恶，颂扬了人性的善，揭示了污染造成的恶果。该作品一经问世即赢得了风险投资商中国互联网电影集团（IFG）的青睐，投资100万元用于同名网络大电影的拍摄。电影采用全网付费观看的发行方式，于2016年3月20日全网上线，在全网收获了近2000万的点击量，取得了丰厚的投资回报。

河北传媒学院专业培训教育与社会急需相结合的办学特色，面向市场，为学生就业创业提供了广阔的舞台，因此，得到了政府、社会与家长的广泛认可。

（二）河北外国语学院在教学方式方法上的创新实践

河北外国语学院位于河北省会石家庄，是河北省唯一一所独立建制的民办本科外语类大学。为河北省政府确定的全省10所应用型本科转型试点大学之一，是河北省民政厅授予的5A级民办高校。

该院的前身是创建于1998年的石家庄外语翻译职业学院，2012年升格为本科院校并更名为河北外国语学院。

目前设有17个二级学院，在校生10000多人，开设48个语种106个本、专科专业。学校有从各行各业聘请870名"专家型"职业人担任专业课导师，有来自30个国家的63名外籍专家。

该院以"诚信、自立、求知、成才、报国"为校训，瞄准小语种人才缺乏的现实，积极开设小语种专业，随着共建"一带一路"倡议的实施，学院的小语种专业几乎涵盖了"一带一路"沿线国家的所有语种。以孙建中为董事长兼校长的河北外国语学院创业人，对标公办高校找差距，提出了培养"准职业人"的办学理念，并对学校的教学方式进行改革，对教师的教学方法进行优化。

该院在2006年就提出了培养"准职业人"的办学理念，并逐步建立了"让学生成为准职业人""让教师成为专家型职业人""让准职业人成为有道德的人"的完整成熟的"准职业人"培养体系。准职业人培养思想就是完全按照用人单位"职业岗位"对职业人才的要求培养学生的创新意识、创造习惯。要培养学生的创新、创业能力，学校首先必须是一所善于创新的学校，教师队伍必须个个是善于创新的教师，每一层团队都是善于创新的团队，任何一个师生组织都以创新创造为最高追求和荣誉，只有这种氛围形成之后，大学才能培养出善于创新创造的学生。

该院以"课程体系服务行业岗位"的原则对教学计划进行修订，按照用人单位"职业岗位"对人才所需的知识、能力、素质要求及各专业特点，重新构建了新的课程体系即非外语类专业实行"公共课、专业基础课、专业主干课、专业拓展课、创新创业课"五大模块；外语类专业实行"公共课、专业基础课、专业知识与技能课、专业方向课程、创新创业课"五大模块。建立一批跨学院、跨学科、跨专业的课程和一批优质的课程，拓宽学生的视野。

根据课程体系要求，和准职业人的办学理念，该院创造了培养"准职业人"的课堂教学模式。2015年推行了"准职业人培养课堂"改革。在课堂中，教师从传统的讲和教变成启和导，学生由过去在老师的讲中学，变成课前在导学案的引导下以小组的形式进行自主备课，探索知识、掌握知识，在课堂中学生进行展示讲评，在探索知识和相互研讨知识中达到课堂教学目标，获取课堂中应获取的知识。"准职业人培养课堂"遵循"授之以鱼不如授之以渔""循循善诱、步步启发"等教育原则，通过"导学、导教、导评、导演、导练、求实效、启示录"等环节，切实在提高教学质量以及培养学生学习习惯、学习能力、求索精神、创新精神、批判思维及职业知识和技能等方面取得实效。

在教学体系建设上，突出"应用"特色。强调"在做中学、在做中教"，"课堂就像车间、上课就是上班、老师就是师傅、学生就是徒弟"，实现了"产学研一体化、专业公司化、外语专业化、就业多元化"，让学生从"大学生"逐渐质变成"职业人"，让学生一入学就为就业做准备，一毕业就成为能适应经济与社会发展需要的高素质应用型人才。

在课堂教学中，教师们摸索出了语言自然学习法、倒插柳式教学法、举证式教学法、使用式教学法、应用式学习法、车间式实景课堂等"二十法一课堂"的特色教学法，这些教学方法已经成为"准职业人培养课堂"不可或缺的助推器。

设置"准职业人培养课堂"，实现了三个转化。一是改变了过去老师讲、学生被动听的课堂局面，转化为学生"比、学、赶、帮、超"的"分工合作""展示质疑"的"合力探索式"课堂。二是让课堂使学生由"逼我学"实现了"我要学"的局面，转变为学生自主学习、主动学习、探究式学习。三是使师生角色发生彻底翻转，教师由主导式"教学"变为"导学"，学生由"等待学习"变为闻道在先式的"习学"，师生实现了教学相长。

同时，该院不断加大实践教学力度，从教学内容到教学形式进行创新，分为三种形式、三大平台、一个强化。

首先，三种形式。一是各专业制订了分年级的实习实训等实践教学方案，构建了实践教学体系；二是专业实习实践，分为校内和校外实习实践。实习实践包括面向专业方向或专业技能的校内实习、实训、模拟训练和校外实习、实践及顶岗实习实训等，对学生进行专业实践能力、综合应用实践能力、创新能力和综合素质培养；三是社会实践，每学期利用假期安排不少于2周时间进行社会实践，进行与专业相关的综合应用实习实训。对学生进行专业实践能力、创新能力、创业能力和就业能力和综合素质培养。

其次，三大平台。即适合教学实践需要的校内实训平台、校外实习平台和学生自主学习平台。校内建设了112个专业实训室、实验室和语种语言情景实训室以及校内创业就业孵化基地、19个实体公司等实践平台。校外共建了128家产学研合作单位、242家校外教学实践基地平台，同时加强订单培养企业的实习实训基地建设，最终实现大部分专业与对应行业企业进行实质性合作。搭建多样化自主学习平台。学校把自习课转变成专业实践课，如各语种专业学生在课上进行翻译实践训练，分小组进行影视翻译、原著翻译、产品说明书翻译、各类外贸函电合同翻译及会议翻译等；大力实施"龙凤计划"，使学生作为"职业人"参与到学校教育、教学、安全、就业等各个岗位，成为学校各项工作手臂的延伸；大力开发"第二课堂"，如各类学生社团、学生组织、班级副辅导员、社会考试服务等。多种形式的自主学习平台，成为培养学生应用能力的有效阵地。

再者，一个强化。即强化创新创业能力培养。根据国家"大众创业、万众创新"指示精神，该院推出了岗位创业即在本职工作岗位上创新、创造以及自主创业两种创业形式。一是，该校于2015年3月投资约135万元建设面积1700平方米的"河北外国语学院大学生创业孵化园"。创业园准许进入的公司为河北外国语学校创业实体、河北外国语学校在校学生及毕业五年内的毕业生为主体创办的公司，现已入驻企业19家。校方为入驻学生创办企业在资金、场地、办公设备、经验指导、信息服务等各方面提供孵化帮助。二是，设立创业专项基金，每年出资200万元，支持有好的创业项目的同学创业；三是，成立了众筹创业教育学校，组织相关专业同学效仿"众筹"模式开展"众筹智"创业，该院还邀请创业成功的企业家进校园，为同学们"增筹"传授创业所需要的精神、素质和经验。

目前，学校办学定位更加清晰，教师教育教学"方式方法"经历了腾笼换鸟式的革命、学生"学习态度和学习方式"被颠覆，服务地方外向型特色更鲜明了。

（三）河北美术学院将办学与文化创意产业园相互促进

河北美术学院是河北省唯一一所纳入全国统招的普通全日制民办本科美术高校，集造型艺术、设计艺术、影视艺术、美术理论研究于一体，坚持"工学结合"的办学理念，以培养掌握新型科技文化知识的美术人才为己任，目前已经为国家培养了近万名不同类型的专业美术人才。

该院始建于1986年，初名为石家庄燕赵中等美术学校。2002年5月经河北省人民政府批准，国家教育部备案，升格为专科层次的石家庄东方美术职业学院。2011年3月经国家教育部审核批准，学院升格为全日制普通本科院校，并更名为河北美术学院。

目前，学院下设有11个二级学院，即环境设计学院、传媒学院、动画学院、城市设计学院、造型艺术学院、服装学院、工业设计学院、书法学院、雕塑学院、国际教育学院、创新创业教育学院。现有在校生近10000多人，60多个本专科特色专业，基本形成了多层次、多形式、多规格办学格局。建有书画揭裱文物修复研究所、民间工艺美术研

所、陈子奋白描研究所、玩具研发中心、老庄文化研究中心、美术博
物馆等。拥有先进的 VICON 光学运动捕捉系统、省内领先的渲染农场
等众多教学设备。

河北美术学院现占地1110亩，建筑面积24.4万平方米。学院现设
教学、办公、生活、园林、大学生实训就业创业孵化基地（东方文化创
意产业基地）、画家村、动漫城等区域。

该院以"自信自立敢为人先"为校训，由朦胧画派创始人甄忠义
创办。学院在校训精神的指引下，敢为人先，想集世界建筑艺术之大
成，而缩微于河北美术学院。办学之初即秉持"工学结合"的办学理
念，随着南区城堡群的建成及投入使用，美院办学与文化创意产业园
的相互促进、相辅相成的格局初步形成。

在"工学结合"的理念指导下，该院从美术和设计学科的专业特
点出发，依据自身办学条件和高等艺术教育发展趋势，建立了独具特
色、完整的实践教学运行模式——工作室制教学运行模式。教学工作
室分层为导师工作室、双选工作室和实训工作室。目前设有各类工作
室157个，工作室教学按照课程实训、模块实训、综合实训三个层次培
养学生的动手实践能力，为学生迅速适应工作岗位要求，提升职业素
养，奠定了坚实基础。该院还建有大学生实习实训创业孵化基地，与
教学配套的企业入驻工作室、大学生创业工作室等，形成了产学研一
体化的发展格局。工作室以培养学生创新精神和实践能力为重点，构
建出"以能力为基础"的实践教学模式和"以能力为取向"的考核办法，
推行项目任务教学、实训教学、校外实习基地教学等有效的实践教学
形式，强化学生专业技能训练的针对性和主动性。工作室教学按照课
程实践、课题实践、综合实训三个层次培养和发展学生的动手实践能
力，工作室以实践促进教学、以产业拉动教学，为教学水平提升和创
新成果转化积极搭建合作平台。学生的设计能力、基本技能明显提高，

为学生迅速适应工作岗位的要求，提升职业素养，奠定了坚实基础。

利用工作室的平台，推行项目教学，在教学过程中，注意与社会、行业和企业的联系，在执行教学计划的前提下，把企业特别是校外实习基地的设计项目作为课题纳入教学中，使教学与企业的订单或设计项目相结合，既达到教学科研为社会服务的目的，为企业创造良好经济效益，又提升了学生的设计能力和应对市场的能力。如福星阁顶层设计、顺驰地产售楼网店店内设计、新乐爱尚购物商场设计等项目，得到了社会的广泛好评和认可。

鉴于美术大学独有的特色，该院在认真办学的同时，进行了文化创意产业园的建设。从2009年开始，学院开工建"东方文化创意产业基地"（以下简称基地），设大学生实训、就业、创业教育孵化基地，为学生自主创业搭建良好平台。基地前期已投入4.8亿元，北校区创业孵化园总建筑面积3533.2平方米，现入驻19个创业实体，南校区孵化园面积6000平方米，共计可容纳100余个创业实体工作室。基地涵盖了教育培训业、动漫游戏业、设计服务业、现代传媒业、艺术研创业、文化休闲旅游业、文化会展业等七大门类文化创意产业，共计可容纳100余个创业实体。今后几年，将投入20个亿，建成集世界建筑艺术大成的文化创意产业园区。

基地不仅是美术创意人才教育培训基地，也是动漫衍生产品、旅游纪念品、工艺美术作品研创、生产、制作、销售基地。"东方文化创意产业基地"的建立，打通了学校、学生、产业界的创意资产和创意资源等一系列的链条，促进了创新性和商业性产品的生产，实现了促进创作者、发明者、研究者和决策机构的结合互动。通过引进企业进驻园区，拉近了学生与企业的距离，使学生在学校里就能得到实践锻炼的机会。也在一定程度上解决了学生就业、创业的问题；同时，基地的多功能性，如旅游休闲、文化会展等，又会获得一定的经济收益，进而用来增加教育教学的投入，增加学校的竞争力。

（四）山东英才学院注重学科专业规划培养应用型人才

山东英才学院创建于1998年6月，2008年升格为普通本科高校，2013年入选教育部应用型技术大学改革试点战略研究单位，2014年被山东省教育厅批准为"山东省民办本科高等教育特色名校"立项建设单位，2015年通过教育部普通高等学校本科教学工作合格评估。学校现有南、西、北校区三个校区，占地面积1641亩，建筑面积54.44万平方米，固定资产总值逾20亿元，共有在校生38000余人；专职教师1032名。

学校以优势特色学科专业为龙头，以教育学、管理学、工学学科专业为重点，构建优势特色学科专业群；统筹推进经济类、艺术类、医学类、外语类等学科专业协调发展；瞄准产业行业结构调整，改造升级机械制造、计算机技术、护理、园林等传统学科专业；发展信息技术、智能制造、老年服务与管理等新兴学科专业；推进学科交叉融合，形成对应产业链、创新链的学科专业体系。

学校在人才培养和教育教学改革方面花大力气，进行了积极探索。

1. 坚持育人为本，德育为先，重视加强思想政治教育

该校建的党史馆与国史馆，早于全国绝大多数民办高校。和学校的将军书屋、中华历史文化长廊等场所一起，成为对学生进行德育教育的最佳场所，培养学生爱党、爱国、爱社会主义的思想情感和高尚的道德情操。学生成长导师、辅导员和思政课教师"三支队伍"引导学生投身国家建设事业，投身实现中国梦的伟大实践。先后有330多名毕业生赴新疆、西藏、青海等省份志愿服务和支教，2016年，学校成为全国10所西部志愿计划新疆项目重点招募高校之一。

2. 坚持面向市场，创新人才培养模式

学校围绕应用技术技能型人才培养目标，根据不同学科专业特点，

面向行业企业需求，不断创新创建"一二三四"的人才培养模式，即坚持一个导向（以培养服务地方经济社会发展的人才为导向），构筑两个平台（理论教学平台和实践教学平台），构建三个体系（学科基础及专业教育课程体系、实践能力培养教学体系和通识课体系），实行四个结合（通识教育与专业教育结合、理论与实践结合、课内与课外结合、校内与校外结合），逐渐实现由传统的知识传授型教育向提升学生的综合素质、创新精神和实践能力的开放式教育的转变。同时，成立了创新创业学院，着力开展学生创新创业教育。学生在各项学科和技能竞赛中获奖共计400余项，其中国家级奖项100余项；获得发明和实用新型专利163项。

3. 深化校企合作，共建行业学院

多个二级学院深入探索，与地方行业、企业共建了中兴通讯信息学院、曙光大数据学院、富达装饰学院、漱玉平民药学院、明德物业管理学院、浪潮创业学院、秦工国际跨境电商学院等行业学院。其中，2015年，信息工程学院入选"教育部—中兴通讯ICT产教融合创新基地"项目，与中兴通讯集团联合成立中兴通讯信息学院，双方投入1500万元，共建6个高水平实验室，共同培养通信工程和云计算两个专业的应用型人才。2016年，学校入选教育部统筹，教育部规划司指导，曙光教育合作中心具体实施的"数据中国—产教融合促进计划"百校工程，学校与曙光教育合作中心采取"共建、共管、共营"的模式筹建了"曙光大数据应用创新中心"，双方总计投资1500余万元，首选信息管理和信息系统专业开展深度合作，培养具备解决复杂工程问题能力的应用创新型人才。

山东英才学院以超前的眼光，率先成立学前儿童发展与教育研究中心，把专业触角伸向了0~3岁阶段，配置了全国领先的顶级高端设备；成立了老年服务与管理学院，提前为养老产业培养人才。学校的发展目标是：到"十三五"末，整体办学水平位居山东省新建本科高校前列；学前教育学科达到国内先进水平，物流管理、信息工程、环境设计学科专业达到省内一流水平，重点培育先进制造、绿色建筑、工商管理、护理等学科专业；实现省级重点学科、重点实验室、协同创新中心等平台零的突破。

（五）黄河科技学院以全新创新创业教育生态培养创新型人才

黄河科技学院创立于1984年10月；1994年2月，经国家教育委员会批准建立民办黄河科技学院，实施高等专科学历教育；2000年3月，经国家教育部批准，在民办黄河科技大学的基础上建立黄河科技学院；2004年取得学士授予权；2008年通过国家教育部普通本科教学工作水平评估；学校在郑州市、济源市建有四个校区，占地2800余亩，校舍建筑面积100多万平方米。教学科研仪器设备价值2.6亿元，馆藏图书300多万册；有全日制在校生30000余人。学校现有信息工程学院、商学院、大数据与智能技术学院、医学院、应用技术学院等17个二级学院；设有工学、理学、文学、医学、管理学等9大学科门类；开设电子信息工程、临床医学、工商管理、数据科学与大数据技术等65个本科专业，数控技术、护理等35个专科专业。

2013年，学校被教育部批准为"应用科技大学战略研究试点单位"。并成为中国应用技术大学联盟的首批成员和河南省首批转型发展试点高校；2014年，学校教改成果"民办高校应用型人才培养模式创新与实践"获得国家级教学成果二等奖；学校被评为"全国毕业生就业典型经验高校"（全国高校毕业生就业工作50强）。2015年，"黄河众创空间"被科技部认定为全国首批众创空间，学校获批"河南省大学生创业示范基地""河南省首批示范性应用技术类型本科院校"。2016年，学校大学科技园被认定为国家级科技企业孵化器，学校荣获首批

"全国创新创业典型经验高校"（全国高校创新创业工作50强）"全国首批深化创新创业教育改革示范高校""首批全国社会组织教育培训基地""河南省创业孵化示范基地"。

近年来，学校以深化创新创业教育改革为突破口，营造"创业"氛围，加大资金支持力度，提供一站式服务，改革课程体系，构建高端研究平台，推动成果转化，培养创新型人才。

营造"创业"氛围。24小时开放实验室、黄河讲坛、创客训练营、校企合作工作室、创客工厂、众创空间、众创咖啡等给想创业的学生提供了最好的创业硬件场所，这些实验平台充分满足学生在指定实验、自带项目实验、课外活动实验、科研项目实验等方面的需求。"一秒快速折叠电动车""智能开门机""桌面3D打印机"等学生创客作品已在这里诞生。

提供资金支持。学校的大学科技园、众创空间等创新创业孵化载体和服务平台建设投入2200多万元，创新创业人才培养、各类创新创业实践活动等方面投入3800多万元，设立大学生创业种子资金300万元，扶持大学生创新创业项目孵化。2017年，学校注重与政府和科技、人社等部门的沟通与联系，帮助6家企业成功申报省人社厅大众创业扶持项目27万元。2015年被哈佛大学录取后选择休学创业的赵杰，创办公司入驻园区，获得真格基金创始人徐小平投资1300万元，目前公司经过发展，市值1.5亿元。

提供一站式服务。学校建成了创客工厂、众创空间、孵化器、加速器、产业园等创新创业载体，总面积达57650平方米，集聚了"中国风投""秉鸿资本"等一批金融资源，为提高学生创新创业能力提供工商、税务、融资等"一站式"服务。黄河众创空间，设有216个办公工位，学生创业团队可享受网络、社交及便利化服务，现入驻团队100余个；为学生小微企业提供基础设施、技术指导和高水平孵化服务，现已入驻企业86家。加速器为企业加速发展提供支撑，现有企业15家。2017年，学校大学科技园孵化器获评B类（良好）国家级科技企业孵化器。

学校不断加大对在园企业和学校创新创业团队的培育孵化，助力企业快速成长。仅2017年，园区年度累计服务企业团队150余家。2017年，学生在各类科技创新竞赛中获省区级以上奖励2090项（同比增加302项），学校荣登"2012—2016年全国普通高校竞赛评估结果（本科）TOP300"榜单。创新创业工作成效备受社会各界肯定。

改革人才培养模式与课程体系。学校创新性地探索了"课堂＋园区＋企业"的"三元合力"人才培养模式，实施就业、创业、学术分类培养。按照"创新创业教育四年不断线"的思路，建立了"理念培育—项目模拟—实践训练—孵化助推—市场实战"的创新创业教育模式，构建了"普及＋专业＋辅导＋培育"创新创业课程体系。学校首批资助25万元，立项建设《创业基础》《汽车4S店经营与管理》等25门创新创业教育示范课程，并制定《创新创业教育示范课建设评价标准》，促进创新创业教育与专业教育有机融合，保证课程建设水平。制定《创新创业在线课程学分认定办法》，充分利用慕课资源，开设视频网络课程73门。建立在校生、优秀校友、优秀企业家的创业典型案例库资源321个。

构造高端研究平台。学校整合资源优势，先后成立了中国（河南）创新发展研究院、河南新经济研究院、中华文化传承发展研究院、郑州大都市区研究中心、河南省民办教育研究院、国内首座高校文物艺术品司法鉴定研究中心等，构造了学校高端研究平台。编撰出版的《河南双创蓝皮书》和《河南民办教育蓝皮书》，开创了全国省级双创蓝皮书和民办教育蓝皮书的先河。举办了中原创新发展论坛、河南自贸区建设研讨会等40多场学术活动。此外，学校还发挥智库作用，不断提升政府决策咨询服务水平。获批国家发改委和省政府委托项目各2项，创省级以上政府委托项目立项新高（其中国家发改委委托项目全国共17项，河南省仅3项，黄河科技学院独占2项）。中国（河南）创新发展研究院研究员王军胜博士的理论研究成果"河南科教创新实验区建设研究"和"郑州建设国家中心城市须补齐科教创新短板"被市政府采纳。

2017年年底，黄河科技学院纳米功能材料研究所申报的河南省小分子新药研发国际联合实验获批河南省国家联合实验室，并作为第二研究单位获批国家科技部重点项目。除了与美国升阳药物公司合作建成小分子新药研发国际联合实验室外，2017年还新增"河南省工程技术研究中心"1个、"河南省创新型科技团队"2个。学校管理科学院士工作站被评为"全省十佳院士工作站"。加快推进高层次人才引进和培育，重点引进两院院士等顶尖人才和国家"千人计划""万人计划"等国家级领军人才、地方领军人才和优秀博士人才。

推动创新成果转化。学校围绕河南省经济社会发展的重要战略部署，围绕社会关注的热点、焦点、难点问题，不断加大服务地方经济社会发展的力度。为了增强学校的科技创新能力，推动成果转化，学校不断加大软硬件投入，与企业共同开展科研成果转化。2017年，学校艺术设计学院与企业开展应用性科研合作项目共计32项；信息工程学院禹春来博士与河南汉威电子科技集团公司联合开展 UV 水质检测项目的研究，完成原型产品的开发；机械工程学院共有8件专利得到转化，实现学院专利成果转化零的突破；医学院教师与校外同行共同申报专利10项，其中发明专利2项；新闻传播学院16部作品完成成果转化。

培养抢手的创新型人才。2017年，学校整合力量成立了大数据与智能技术学院，开设数据科学与大数据技术、智能科学与技术两个本科专业，其中数据科学与大数据技术专业全国仅有35所高校开设，在河南省高校中属于首开专业。2018年3月，大数据与智能技术学院从全校选拔出的60名"新生"进入创新班。2016年，学校在医学院开设临床医学创新班，致力于培养一批具有国际视野、专业基础过硬、综合素质高的临床医学人才。聘请钟世镇院士、胡大一教授等知名专家为创新班特聘教授，专业骨干教师按国际医学教育理念，进行"整合课程"模式全英教学，全面启动临床医学创新人才培养综合改革。2017年，临床医学创新班学生参加全国大学英语考试，四级（CET-4）通过率达100%，六级（CET-6）通过率93.3%；在省部级以上翻译竞赛中，临床医学创新班29人报名，25人获奖，获奖率86.2%；引导临床医学创新班积极参与各级大学生创新实践计划申报，已获批6个项目，临床医学创新人才培养初见成效。

如今，黄河科技学院科学研究和服务社会能力显著提升。截至2017年12月底，学校专利授权数2273件，其中授权发明专利104件，授权实用新型专利1228件，授权外观设计专利190件，著作权登记等其他753件。科技创新实力不断攀升，学校成功入选河南省高校知识产权综合能力提升专项行动"十强十快"高校榜单。

三、海南科技职业大学的办学特色与发展方向

随着我国经济社会的快速发展和高等教育大众化进程的加快，高职教育迎来了新的历史发展机遇。教育部颁布了《关于全面提高高等职业教育教学质量的若干意见》，进一步明确了高职教育的发展方向，同时，也标志着高职教育的发展从以外延式发展为主转向内涵式建设为主。高职院校要加强内涵式建设，提升核心竞争力，必须突出自身的办学特色，走特色化办学道路。高职院校的办学特色建设不仅是社会、经济发展的客观要求，更是自身生存和发展的需要，对于促进高职院校的健康发展有着重要的现实意义。

学校的办学特色，主要是从目标定位特色、专业设置特色、人才

培养特色这三个方面来体现。其中，目标定位特色是体现办学特色的基础，专业设置特色是体现办学特色的关键，人才培养特色是体现办学特色的重点。

（一）海南科技职业大学办学特色

1. 目标定位特色

学校自办学之初，举办者就确立了为海南区域经济服务的办学定位，学校秉承"科学、务实、厚德、创新"的校训，坚持"人才强校、质量立校、特色兴校"的办学理念，立足海南，着眼国家发展战略，把握行业发展，关注社会需求，以立德树人为根本，以促进就业创业为导向。目前形成的航海类、石油化工类、机电类、城建类学科和专业，在海南高等教育结构中具有不可替代性，填补了海南工科应用型人才培养空白。今后，学校将进一步彰显工科为主办学特色，发挥优势，满足区域经济社会发展对人才的需要。正因海南科技职业大学有这样一种明确的办学目标定位，所以在十多年的办学过程中，逐渐形成了自己的办学特色，受到了社会的好评。

在今后的发展过程中，学校将严格按照过去的发展思路，对办学定位更加细致明确。具体说来，体现在以下几个方面。

服务面向定位：面向国家和海南发展战略，面向行业未来发展，立足海南，辐射珠三角，培养服务区域经济社会发展急需的高层次职业技能型人才。

办学层次定位：以全日制职业本科教育为主，兼顾全日制专科教育，同时开展应用科学研究、继续教育和职业技能培训。

办学目标定位：坚持社会主义办学方向，坚持以育人为本，坚持为海南经济社会发展服务，坚持以人才队伍和办学条件为支撑，精准对接科技发展趋势和市场需求，努力建成以工科为主、国内知名、特色鲜明的职业本科教育院校。

人才培养目标定位：培养海南经济社会发展和产业结构转型升级急需的、理论基础扎实、实践能力强、具有社会责任感、工匠精神和创新精神的高层次职业技能型人才。

办学类型定位：非营利性民办职业本科教育院校。

学科专业定位：坚持以海南经济社会发展和行业未来发展需求为导向，以石油化工、机械制造、信息工程、航海技术等工科为主，兼顾医学（健康科学）、管理学、经济学等多学科专业协调发展，构建对接海南区域经济社会战略发展的应用型专业集群。

2. 专业设置定位

在专业设置与学科建设中，学校明确坚持以发展服务海南区域经济社会发展和新型产业发展需求的工科为主。目前，学校已形成了以航海技术、石油化工、机械制造、信息工程等工科为主，兼顾医学（健康科学）、管理、经济等协调发展的学科专业体系。所设8个二级学院的35个专业都与海南经济社会发展需要相吻合，其中有26个专业与海南省"十三五"规划的12个重点发展产业中的11个产业实现了精准对接，对应比率达74.3%。其中石油化工技术、机械设计与制造、轮机技术、健康管理、护理、建筑设计技术等专业的人才培养办出了特色，办出了影响。有两个高职本科3+2分段培养专业。大部分工科类专业填补了海南区域经济发展所需高层次职业技能型人才培养的空白，具有不可替代性。

比如，学校的机械制造专业的设置，就是根据区域经济发展需要而确立的。机械制造专业是制造业的重要组成部分，是衡量一个国家科技水平和综合国力的重要标志之一。海南机械制造业的发展前景广阔，海南省"十三五"规划确立了"发展低碳制造业"的产业目标，传统制造业升级改造，需要大量的服务生产一线的高级工科类人才。

所以，在今后相当长的一段时期内，海南机械人才尤其是社会对服务于生产第一线的高层次职业技能型人才的需求会不断增长。据2013年4月省人力资源市场发布的第一季度人才市场供求分析报告显示，我省制造业的需求人数相比上个季度制造业用人需求量增加了1.49万人次，而且，所需人才缺口60%以上是本科层次应用型人才。因此，新设置的应用型本科机械设计制造及其自动化专业将为海南现代化工业建设提供人才保证。

再比如，随着互联网、物联网、云计算、大数据等技术加快发展，信息通信业内涵不断丰富，从传统电信服务、互联网服务延伸到物联网服务等新业态。"十三五"时期，信息通信业将面临新的发展机遇和挑战，将为海南省区域经济社会发展提供新动能。为此，我们学校就开设了计算机网络技术专业。《海南省信息通信业"十三五"发展规划（2016—2020年）》明确指出"十三五"期间要发展城域网优化升级工程等十大重点工程。设置计算机网络技术专业正是契合海南省信息通信业"十三五"期间十大重点工程，为之提供急需的应用型人才。

海南省"十三五"规划提出的"12+1"产业发展，"全力推进互联网产业"是其中之一，其他12大产业都需要信息技术。而海南省在数字化建设方面相对全国发达地区而言较为落后，特别是在信息基础建设方面比较薄弱。随着我省经济的快速发展和信息化进程的加快，对IT人才，特别是信息工程人才存在巨大的需求。因此，设置计算机网络技术专业，是海南区域经济发展的迫切需要。

石油化工生产技术专业是我校优秀的特色专业，这一专业的设置就是切合区域经济需要的。近年来，海南省实施"大企业进入、大项目带动、高科技支撑"的产业发展战略，将海洋大省建成海洋强省。地质资源调查结果表明，海南所辖200多万平方公里的海域中，共有油气田180个，油气资源蕴藏量达500多亿油当量。凭借得天独厚的陆上和海洋油气资源，海南省不断加大对油气资源的勘探开发规模和力度，积极做好油气资源下游产业链的项目投资建设工作，将油气资源优势转变成为海南的经济优势和产业优势。海南油气化工的发展目标是成为以巨型油田和天然气开发为主导的大型石化工业基地，加速工业化进程，带动全省经济快速发展。

石油化工产值大、增长能力强，并且有着极强大的带动和牵引作用，可以使一个地区的经济总量得到迅速的提高，石油化工已成为引领海南工业腾飞的龙头产业，占全省地区生产总值（GDP）近1/4。海南省"十三五"人才需求专题研究中显示：2014年，八大支柱产业实现工业总产值1560.6亿元，其中，油气化工行业全年实现产值849.1亿元，同比增长28.9%，对规模以上工业增长贡献率达86%。PTA、PET、东方石化二期等项目相继投产，石化产业链不断延伸，拉动对石油化工岗位操作、石油产品分析与检测、天然气化工生产及创新管理能力、营销和服务人员的大量需求。

关于护理专业的设置，也同样是根据我省卫生事业发展形势而确定的，到2020年，全省100%的三级医院、二级医院的护士配置应当达到国家规定的护士配备标准，以保障临床护理质量。然而，目前我省护士不到万名，而海南省"十三五"期间护理事业发展主要工作指标是城市千人口配注册护士3.06—3.18人。根据《海南省卫生资源配置标准研究》报告测算，海南省在"十三五"期间若要达到标准水平，需要增加护士14000—16000名，所以我省护士数量不足的问题十分突出。此外，根据《西太平洋地区卫生资源报告》及《世界护理的现状、不足及预测》的资料显示，我国大陆的医护比例小于1∶1。海南省正在打造国际旅游岛，打造养生养老天堂，高素质的护理人才储备是必不可少的。

海南医学院开设有护理专业，其就业方向是医院，而面向基层社区、养老机构的应用型人才没有相应的职业院校来承担培养任务。基于国家和我省对护理人才的需要，结合该校已具备的办学条件、师资队伍状况、专业建设的特点，我们认为，开设本科护理专业是必要的。培养高素质技能型护理人才，对于满足当前社会发展，尤其是满足海南省对高素质护理人才的需求是有重要意义的。

海南省是中国最大的国际旅游岛和经济特区，工程建设、旅客和货物运输量大，工程船、游船和货船船员需求旺盛。海南从海洋大省到海洋强省，打造面向东南亚航运枢纽，其中6000多海船船员的知识更新培训和2万多无证渔船船员需要转岗培训。其次，海南省拥有全国最长的海岸线，最大的领海，需要培养大批的海事局巡逻艇驾驶员和海军预备役军官来保卫我国南海海疆，我校的航海专业正是在这种背景下开设的一种具有鲜明特色的专业。

3.人才培养特色

学校办学特色，归根结底是人才培养的特色，没有特色的人才培养，一切特色归于虚话。在海南科技职业大学的办学过程中，始终把特色人才培养摆在首要位置。要突出人才培养特色，第一，要有正确的思想和科学的规划；第二，要有适合人才成长的培养方案；第三，要有一支优秀的师资队伍，所谓优秀的师资队伍不仅仅是理论基础的扎实，重要的是有很长的实践教学能力；第四，要特别重视实践课的教学，办学十多年以来，学校一直坚持走产学研用相结合的道路，一直坚持校企合作，所以人才培养颇具特色。正因为学校培养的人才具有现代技术技能人才的素质，所以受到了社会广泛欢迎。近三年，学校毕业生就业率都在95%以上，化工、健康管理、航海等特色专业就业率都是100%。

另一方面，在省、国家举行的技术技能比赛中，也充分体现了学校人才培养的特色。近四年，学校学生在国家与省级各类专业技能大赛中共获奖247项。其中全国技能大赛中共获奖24项（一等奖2项、二等奖15项，三等奖7项）；省级各类专业技能大赛获奖223项（一等奖42项、二等奖77项、三等奖74项、各类体育项目奖30项）。毕业生有3人考取研究生。毕业生考取专业技能证书通过率达95%以上。人才培养质量得到社会的广泛认可。

总之，高职院校要在激烈的竞争中立于不败之地，必须优化资源配置，走特色化办学道路。具体而言，就是要形成自身的办学特色，绝不能走学科综合性的学校发展之路。

（二）海南科技职业大学特色思考

职业教育是社会发展的产物，也是人类自身发展的产物，职业教育目的，用黄炎培先生的话说，那就是："一、谋个性之发展；二、为个人谋生之准备；三、为个人服务社会之准备；四、为国家及世界增进生产力之准备。"基于职业教育的宗旨与目的，海南科技职业大学于开办之初，即确立了为区域经济发展培养合格的高素质人才的办学定位，这一办学定位包含了几个方面的重要内容，其一服务面向是海南，坚持为海南建设海洋大省和海洋强省服务，为海南小康社会和国际旅游岛建设、医养结合服务；其二是人才培养目标定位，培养"有理想、有道德、有文化、有纪律，德智体美全面发展"、理论基础扎实、实践能力强、具有社会责任感、创新精神、创业能力和继续学习能力的高层次职业技能型人才。

海南科技职业大学的办学特色，主要体现在学校学科专业的确立上。学校一直坚持为海南经济建设发展服务，所以学校的专业设置与海南经济发展需要高度契合，在全校现有35个专业中，有26个专业与海南省"十三五"规划的"12+1"个重点发展产业中的11个产业实现了精准对接。对应比率达74.3%；其中石油化工技术、航海技术、轮机技术、健康管理、护理等专业填补了海南省高职专业布局的空白，而机械设计制造及其自动化、旅游、汽车服务工程、建筑设计技术等专业也都是海南省紧缺专业。其中石油化工技术专业为省级特色专业，健康管理专业和航海技术专业是省级骨干专业，而航海技术已建成我省规模最大、设施最优、船员培训资质最全的航海类人才培养基地，健康管理专业则于2016年被国家教育部、民政部和卫计委三部委确定为首批全国职业院校示范专业点。梳理我校职业教育的各个专业，不难发现，这些专业对接地方经济的特色非常明显，如石油化工技术专业对接南海油气资源开发，航海技术专业对接海洋大省的建设，健康管理专业对接健康岛的建设。计算机网络技术专业培养创新型人才走出了新路，机械设计制造及其自动化专业为海南智能制造培养现代工匠。这充分体现了我校专业设置的特色。

学校另一办学特色就是坚持以学生为本，全面实施素质教育，以服务学生为宗旨、以提高就业为导向，切实培养高素质劳动者和技能型、应用型人才。学校一直奉行黄炎培先生对培养职业人才的教育宗旨："职业教育，将使受教育者各得一技之长，以从事于社会生产事业，藉获适当之生活；同时更注意于共同之大目标，即养成青年自求知识之能力、巩固之意志、优美之感情，不惟以之应用于职业，且能进而协助社会、国家，为其健全优良之分子也。"所以我们严格恪守专业设置与课程设置的原则：即专业设置以就业市场为导向；课程设置以就业岗位为导向；教学设计以培训就业能力为导向。围绕市场设专业，对准岗位开课程。全校上下始终坚持"不培养数以万计合格毕业的失业者，只打造高薪收入技能达标的上岗者"的共识，以培养学生"学会做人、学会做事、学会求知、学会共处"为教育终极目的。中国需要职业教育，也需要有民办高等教育，客观地讲，民办高职院校对国家职业教育做出了大的贡献；而且，随着时代经济的发展，职业教育的层次在不断上升，这对民办高职院校既是机遇，又是挑战。

对于学生的培养与教育，除了大家都重视的全面发展、能力培养、技能提升等方面之外，我们特别重视对学生两个方面的教育工作。

其一，重视对学生人格的培养。人格，又译为性格，指人类心理特征的整合、统一体，是一个相对稳定的结构组织。人格是指一个人与社会环境相互作用表现出的一种独特的行为模式、思维模式和情绪反应的特征，也是一个人区别于他人的特征之一。人格是指人的性格、气质、能力等特征的总和，也指个人的道德品质。它包括了两个部分：性格与气质。性格多能决定一个人立身行事的原则与方式，而气质则决定一个人处世为人的风格与方法。所以，人格对于任何一个人的人生成败，有着至为关键的意义。联合国教科文组织国际21世纪教育委员会的报告《学习：内在的财富》中明确提出："教育的使命是使每个个人（无例外地）发展自己的才能和创造性的潜力"，"学会求知；学会做事；学会合作；学会做人"。"四学会"无疑是现代社会对教育培养人才的基本要求，而要达到"四学会"的教育目，人格的培养是重要的桥梁。

其二，重视对学生创新的教育。我们这里的创新，不是狭义的意义，而是广义的创新，它至少包含以下几个方面的意义：狭义的创新，即创造更新；终身学习的理念；适应未来的能力。这三者是相互关联、相互影响的。析而言之，后面二点是手段，前面一点是目的，后者的终极目的就是创新。学校提出这样的教育理念，是基于当今社会高速发展变化，我们必须要着眼未来，早做准备，未雨绸缪，智慧应对。要适应这样一个新的时代，我们必须要有新的人才观，在今天的职业教育中，就应该有意识地加强培养与训练，让学生在未来的职场中能从容应对。

海南科技职业大学以工科类为主的职业教育专业体系，这些专业因为紧密联系了当地经济，所以具有极强的生命力。尤其在创新创业方面，也有着它独特的优势，这种优势主要体现在以下几个方面：一是由于专业与当地经济高度契合，所以学生创业就有了一个广阔的平台；二是学生创业很容易找到创业的企业指导老师，有时候甚至是与企业指导老师一起共同创业；三是海南现有的大小企业，由于能在我们学校找到相应的专业技能人才，激发了企业与我校校企联合的动力，这样对学生的就业创业形成一种良好的文化氛围。

此外，随着社会的发展进步，学习的方法也会改变，随着电脑的不断升级，在所有可标准化、流程化、逻辑化、规律化的工作领域，人力都会被逐渐淘汰。与此同时，知识将前所未有的越来越唾手可得。面对这样的知识供给和职场需求，大学作为通往职场的路径，将在未来十年发生重大变革。这种变革意味着大学的价值将不再是提供背书，而是帮助学生切切实实地"能力上身"。因此，未来的大学教育将兼顾打开视野和启迪心智，而重中之重是教会学生"学习的能力"。

时代在发展，社会在进步，职业教育，任重路远。海南科技职业大学欣逢盛世，海南给了我们发展的机遇，历史赋予了我们光荣的责任，所谓重任在肩，义不容辞！海科举办者杨秀英教授一直认为，我们创办高等职业教育，是希望用我们企业创造的经济效益，去承担一份社会责任，真正为社会培养实用型人才，为民族教育做出贡献；所以，学校一直关注行业发展，着眼社会需求，实实在在地为区域经济发展培养高层次职业技能型人才，这不只是满足了社会的需要，更重要的是给学生提供了一个良好的发展平台和创新创业的机遇。

（三）海南科技职业大学发展方向

海南科技职业大学坐落在美丽海口的东海岸的南渡江畔，校内幢幢高楼耸立，错落有致，芳草繁茂，郁勃葱茏；校外，江海相拥，碧涛潮生；车水马龙，生机盎然，风景如画。伫立校园，沐浴幽雅宁静，鸟语花香，闻书声琅琅，心旷神怡，真个是"高楼回首闻笑语"，"清风如琴好读书"。

随着经济社会的转型发展和产业升级，大众创业，万众创新，对人才需求的规格也相应提高，高职教育势在必行。海南科技职业大学正是适时而动，因势而起的。学校举办者杨秀英教授痴心教育，倾力办学，创办了南昌理工学院，江西共青科技职业学院，又从江西来到海南，在海南这片热土上，以战略的目光，看到当今科技的高度发展，区域经济腾飞，必定会需要大量的应用型人才，适时应世，再斥巨资在中央美院原海南校区的基础上创办了海南科技职业大学。

先圣孔子有云："知者不惑，仁者不忧，勇者不惧。"杨秀英教授是一位智者，处事智慧而果断；是一位仁者，待人厚道而真诚；是一位勇者，处事从容而坚定，故能在当今全国的职业教育领域不断创造奇迹，独树一帜，收获了巨大的成功，在建设美兰校区的同时，又建设了崭新的云龙校区。

海南科技职业大学是充满希望的职业教育基地，它以工科为主导，航海、机电、化工、信息等专业的开办，为人瞩目。健康科学学院的崛起，成为新的办学特色。无论春夏秋冬，不分晨昏午昼，站在这里，一眼望去，学校园林建筑，无不如同行云流水，畅顺自然，潇洒飘逸；师生欢笑，无不如同光风霁月，高雅淡远，纯真婉丽。来自五湖四海的八千多名学子，在这里牢记"科学、务实、厚德、创新"的校训，或认定"书卷多情似故人，晨昏忧乐每相亲"；或立志"发奋识遍天下字，立志读尽人间书"。老师忠诚教育，"桃李无言，下自成蹊"；学生刻苦读书，"勤奋耕耘，便有收获"。于是，各种荣誉纷至沓来，全国优秀民办学校，各种技能比赛的冠亚季军，印证了海南科技职业大学的教育教学质量和莘莘学子的成长，况且还有毕业生为用人单位满意，不断的自主创业成功，这一切都显示了海南科技职业大学办学的辉煌业绩。

社会在发展，时代在进步，海南科技职业大学在理事会、校党委、校行政班子的领导下，勇于担当，正以习近平新时代中国特色社会主义思想为指导，坚持社会主义办学方向，全面贯彻落实党的教育方针，以服务海南全面建成小康社会、建设国际旅游岛和海洋强省战略为宗旨，以工学、健康科学、管理学、艺术学专业群建设为抓手，以培养高层次职业技能型人才为目标，走产教融合、校企合作之路，着力提升办学内涵，切实提升人才培养质量，努力把学校建设成为合格的中国现代职业教育应用型本科院校，逐步发展成为一所优秀的培养现代经济社会所需人才的职业本科院校。

"长风破浪会有时，直挂云帆济沧海。"我们正行进在祖国职业教育的康庄大道上，我们坚信海南科技职业大学会与全体师生员工一起茁壮成长，一定会实现幸福海科。

四、南昌理工学院建设有特色高水平民办高校的报告

（一）概况

2012年学校顺利通过国家教育部本科教学合格评估。2015年学校分别与华中科技大学和华东交通大学签订联合培养硕士研究生协议，并已实施招生；2018年，南昌理工学院被教育部命名为国防教育特色学校；2018年11月，顺利通过了教育部本科教学工作审核评估，专家组一致认为：南昌理工学院是全国示范性民办高校，国防教育特色鲜明，军魂育人成效显著。

学校占地面积4100亩，总建筑面积79万平方米；教学仪器设备总

值1.83亿元；馆藏图书文献资料300万册；至2018年5月，学校有统招本、专科学生2.7万人，其中本科学生占65%以上。办学以来，为全国输送了本、专科毕业生16万人。

学校领导机构由理事会、行政、党委三套班子组成。学校创建人、理事长、法人代表、终身荣誉校长邱小林教授是博士、省政协常委、全国先进工作者、全国五一劳动奖章获得者。学校创建人、常务副理事长、终身荣誉校长杨秀英教授为南昌航天科技集团总裁、博士、省政府特殊津贴专家、新世纪百千万工程专家、省赣鄱英才555工程专家、全国三八红旗手。

全校现有专任教师1445人，副高以上职称比例为40.5%。有一批由获国务院政府特殊津贴教师、新世纪百千万人才工程专家、赣鄱英才555工程专家和省高校教学名师及省中青年学科带头人等组成的实力雄厚的省级教学团队。近三年来，学校获国家自然科学基金2项，国家社会科学基金2项，省级重点实验室1个，省级文化艺术重点研究基地1个，省级科学普及教育基地1个，省级社会科学普及基地1个，市级社会科学基地1个，省级国防教育基地1个。2018年南昌理工学院被教育部命名为"全国国防教育特色学校"。获省科学技术进步奖二等奖2项，省社会科学优秀成果奖一、二、三等奖各1项，省优秀教学成果奖一等奖2项，二等奖1项。省部级以上科研项目399项，国家专利418项。学校教师共出版著作160部，发表论文2769篇，其中核心论文和三大检索论文299篇。

南昌理工学院的办学成就，受到中央、省部领导的高度赞扬和社会的肯定。学校被评为江西省优秀学院、全国创建平安校园示范学校、全国教育教学管理示范高校，连续七年获得"全省社会治安综合治理先进单位"称号。学校党委被省委教育工委评为先进党组织，校团委荣膺为全省五四红旗团委。

南昌理工学院在办学发展过程中，始终坚持自我的发展道路，对办学定位细致明确。具体体现在以下几个方面。

办学思路与学校定位：南昌理工学院全面贯彻党的教育方针，坚持党对民办高校的领导，坚持社会主义办学方向，依法管理，规范办学，培养中国特色社会主义建设者和接班人；遵循高等教育发展规律，坚持规模、结构、质量和效益相统一的原则，走教学应用型大学的发展道路；以学生为本，以立德树人为根本任务，不断提高教育教学水平和人才培养质量，推进科研创新和文化传承创新，积极为地方经济社会发展服务；突出民办高校的办学特色和优势，积极建设有特色高水平的国内一流民办本科大学。

类型定位：教学型、应用型本科高校。

层次定位：以本科教育为主体，专科教育为补充，积极发展硕士研究生教育。

学科专业定位：以工学为主，理经管文法艺等学科协调发展。

服务目标定位：立足江西，面向长珠闽，辐射全国，服务基层。

人才培养目标定位：培养思想好，基础实，知识精，有较强学习能力、实践能力和创新精神，人格健全的高素质应用型人才。

（二）构建三位一体的治理体制

学校由江西省人民政府领导，省教育厅主管，实行理事会领导下的校长负责制。学校建立了理事会，聘任了正副校长，建立了中国共产党南昌理工学院委员会和纪律检查委员会。理事会、行政、党委三套班子机构健全，成员结构合理。

理事会是学校的最高决策机构，学校的发展方向、重大工作部署、重要的人事任免和财务收支等都由理事会做出决定。学校理事会由7~9人组成。理事长、法人代表由出资创办人邱小林教授担任。

学校行政班子由有知名度的教育专家和经验丰富的行政管理专家组成。多数校领导是原公办大学的校长或原省行政主管部门的负责人，也有在学校创办以来工作才干突出业绩优秀的年轻人。

党委书记、督导专员由省教育主管部门任命派遣，并按有关规定进入校理事会兼任副理事长。学校还配备了党委副书记和纪委书记。

理事会、行政、党委三套班子老中青三结合，既有资历深厚、经验丰富的教育专家，也有中青年学科带头人和具有企业工程背景的管理工作者。这是一支高学历、高职称、高水平、结构合理、团结进取的团队，不仅有战略思维能力、谋划发展能力和凝聚人心能力，更为重要的是懂办学、懂教育，在办学治校过程中，体现出较高的综合管理能力和领导水平。

依据《中华人民共和国高等教育法》和《社会力量办学条例》，学校制订了章程，对办学的基本原则、基本制度和组织机构等做出了具体规定。在《中华人民共和国民办教育促进法》颁布之后，又制订和完善了领导决策、民主管理、教学管理、财务运行等一系列规章制度。根据上级相关规定的精神，修订、下发了《南昌理工学院理事会议事规则》《南昌理工学院行政管理工作规程》《中共南昌理工学院委员会议事规则》等3个规范性文件。理事会、校行政、党委会三位一体的管理体制已经形成，理事会领导下的校长负责制得到落实。理事会科学、民主、集体、依法决策，校长（校行政）行使教育教学和行政管理权，党委发挥政治核心和监督保证作用的领导机制日趋完善。

学校成立了学术委员会、教学工作指导委员会等决策咨询机构。聘请了中国科学院王梓坤院士、欧阳自远院士，中国工程院石屏院士等一批大师级专家指导学校办学。聘请由省内外有影响的教育、教学管理专家，组成了高水平的决策咨询团队，参与决策咨询。学术委员会对学科学位建设、人才队伍建设及科学研究工作进行咨询、评议、审议和决策，教学工作指导委员会对学校专业设置、人才培养方案制订、教学改革等进行咨询、研究、决策。还成立了教师聘任专门委员会、学风建设指导委员会、科学研究专门委员会等。随着这些组织的成立和活动开展，推进了专家治校和学术民主，保障学术决策、教学管理科学化、规范化和学风建设健康发展。

学校建立了工会组织，建立并实行教职工代表大会、校务公开、教职工提案、劳动合同、民主评议等制度，促进了教职工参加民主决策、民主管理和民主监督以及维护教职工合法权益的机制建立，保障教职工建言献策当家做主的权利。

学校领导坚持以人为本，以学校事业发展大局统一思想，凝聚人心。学校汇集了一批国内省内顶尖高等教育管理专家，形成了一支稳定的高水平办学人才群体。这支队伍精诚合作，潜心办学，利益诉求低，给学校带来了人气旺盛，教职工向心力强劲，事业生机勃勃的气象，使学校显示出健康发展的良好态势和独特风格。

（三）打造学科专业特色

学校围绕社会经济发展和市场应用型人才需求现状，设立了会计学、汽车服务工程、房地产开发与管理、新能源科学与工程、金融工程、工程造价、国际经济与贸易等新专业，到目前为止，学校有工学、理学、经济学、管理学、文学、法学、教育学、艺术学等8个学科门类，46个本科专业，初步形成了以工学为主，理、经管、文、法、教育等学科协调发展的应用型学科专业体系。学校共获得新能源科学与工程、军事法学"十二五"2个江西省高校重点学科建设项目，通过教育厅验收，新能源科学与工程、软件工程、土木工程3个省级专业综合改革项目，机械设计制造及其自动化、新能源科学与工程、计算机科学与技术3个"卓越工程师人才培养计划"项目。拓宽筹资渠道，加大经费投入。每年用于学科专业建设的专项经费不少于1000万元，除主渠道学校学科建设经费、省重点学科建设经费、政府相关建设经费等投入外，积极开辟企事业单位合作共同建设相关学科专业或实验室的途径。

学校主动服务区域和江西经济社会发展的需求，适时调整专业设置，不断优化专业结构，突出地方特色，形成五大专业集群。即以支持信息产业发展的，包括计算机科学与工程、电子信息工程等专业的信息技术专业群；以支持制造产业发展的，包括机械设计制造及其自动化、电气工程及其自动化、飞行器制造等专业的机电工程专业群；以支持现代服务业发展的，包括工商管理、电子商务、市场营销等专业的工商管理专业群；以支持文化及创意产业发展的，包括广播电视新闻、编导、艺术设计等专业的文化及创意专业群；支持光伏产业发展的太阳能光电专业群。学校学科专业设置贴近江西省新型工业化和产业结构调整对人才的需求，服务经济社会的能力大幅提升。其中为对接江西战略新兴产业，发展航空产业，学校重点打造航天航空专业，并建立国际飞行学院，专门建设新的校区。2018年国家批准下达南昌理工学院飞行员招生计划，于当年开启飞行员招生工作。

（四）不断提高教学水平和人才培养质量

学校坚持将教学工作确立为学校的中心工作。理事会、校长办公会、党委会坚持以讨论研究教学工作为主要议题。学校成立了教学工作指导委员会，建立了校领导听课评课制度和校领导带队督查制度。每位校领导联系一个教学单位，经常到一线教学单位讨论研究教学工作，解决教学工作中的实际问题。制订、修订、补充完善了《教学督导工作条例》《教师教学水平评估办法》等96项教学管理文件，并汇编成册予以执行。建立了校、院两级督导制度，加强对教学工作的检查、监督，把教学督查作为一项常规工作来抓。在年度考核、评优评奖、职务评聘岗位津贴分配等方面，坚持向教学一线倾斜，向教师倾斜。

学校设置校、院两级教学管理机构，配齐了管理人员。全校各部门把服务教学、支持教学作为做好本职工作的基本要求。改革教师薪酬体系，增加基本工资，增加本科教程课时津贴，让所有教职工把主要精力放在教学工作中。在财务预算中，采取经费切块办法，优先确保教学日常需要；对教学所需经费，优先审批、优先报销、优先支付；在年度财务决算中，严格检查落实。

学校突出应用型人才培养目标，按照育人为本，德育为先，能力为重，全面发展的理念，制订并不断完善人才培养方案，本着"厚实基础、强化应用、对接市场、服务地方"的原则，构建符合学校发展定位和培养目标、体现办学特色和贴近经济社会发展的"3平台＋接口"的人才培养模式和"三实"实践教学体系，通过开展"工学结合""校企合作"的订单式培养，不仅为企业提供了急需的专业人才，也很好地促进了学生的职业定位与就业工作，让学生实现了未毕业先就业的局面，同时有效实现了教学过程与生产过程。围绕应用型人才培养模式和发展规划内容，学校每年开展以年度命名的主题活动：2010"提升质量年"（五加强、五提升的工作目标）、2011"以评促建年"（加强教学基本条件建设、加强教学管理、完善质量保障制度、开创学校新局面）、2012"迎接评估年"（11月24—29日专家进校考察）、2013"整改提升年"、2014"打造南理工升级版年"、2015"转型发展年"。

根据社会需求，进行市场调研，结合行业职业标准，不断优化、完善专业人才培养方案，构建以提高学生的学习能力、动手能力和实践能力为目标的应用创新型人才体系。进一步加强和改进思想政治理论课教育教学建设，加大以基础课程、专业基础课程为重点的课程改革的力度，更新教学内容、改革教学方法，使课程教学贴近实际、注重应用，符合时代发展。

　　加强实践教学改革，强化实践教学，继续调整提高实践比例，探索工程实践和社会实践的有效方式和有效渠道，积极推进"产教融合"，为应用创新型人才培养奠定基础。积极推进"双语"教学，加大引进双语教师，加强学校专任教师的双语培训，创造条件让部分教师到国内双语开展优秀的高等院校学习。加大课程建设的力度，形成完善的建设机制。加强重点课程群的建设，建设以省级精品课为核心的具有辐射和支撑作用的重点课程群。加强实验室建设和校内外实践基地建设，构建具有开放式、立体化、多层次的实验教学和创新教育平台，完善以培养学生创新精神和实践能力为核心的实践教学体系。各专业根据真实生产、服务的技术和流程建构技术技能体系和实验实习实训环境。积极争取中央财政和省级财政专项资金的支持，建设专业实验室；积极拓展与企业共建共管校内外实习实训基地，按照所服务行业先进技术水平，采取企业投资或捐赠、生产化实训、政府购买、学校自筹、融资租赁等方式加快工程实践中心和实习实训基地建设，为学生操作训练、顶岗实习、企业管理、市场调研、毕业设计等创造良好条件。搭建校政、校协、校企、校校合作平台，构建产教融合、合作共育的培养新模式。完善学分制管理体制，从制度上为学生的创新精神和实践能力的形成及个性化的发展创造良好的环境，从管理。加强质量保障机制和制度建设，引入激励竞争机制、绩效评价和质量评估机制，形成学校各级领导重视教学、各部门主动服务教学，教师投入教学的工作局面。

（五）着力提升科学研究水平

　　学校将科研工作作为提升水平的攻坚工作，通过出台科研扶持、政策激励及开展科技年等活动，鼓励教师参与科研，调动广大教职员工投身科研工作的积极性，学校科研工作进展良好，硕果累累。

创新科研管理机制，进一步完善科研管理。对科研项目实行分类管理，对基础性研究和应用开发性研究实行不同的管理办法和激励机制；通过强化研究基地建设，实行课题组长负责制等措施，整合科研资源和力量，促进学科间的交叉融合，增强获得国家课题和项目的能力。建立竞争机制，加强对科研人员的科研业绩考核，完善现行管理办法，强化精品意识，建立科研管理数据库，提高管理人员的工作效率。

实行产教融合，科教结合，加速科研发展。加强校企合作，拓展横向课题立项渠道。引导教师走向社会、走向企业，解决企业技术难题；进一步加强与省内外企业合作，围绕高端制造、航空产业、新一代信息技术、新能源、现代服务业等区域经济发展领域，深入开展产教融合，科教结合。

加强团队和教学科研平台建设，争取重大项目。坚持以人为本，加强人才引进与培养力度，重点发现、培育、支持科技领军人物，组建新的创新团队，充分调动发挥创新团队的集体优势；发挥校、院研究所优势，整合学校资源，以产业发展需求为导向，凝练科研方向，打造科研应用产业链，形成特色鲜明的科研方向；鼓励教师与校外科研院所、高等院校、企业和社会团体合作，增强研究团队活力；加强科技创新平台建设，加强政策扶持力度，增加设备与资金投入，为改善科研工作环境、为提高科研水平提供有力保障。抓好国家自然科学基金、国家社科基金项目及省市项目的申报工作，做到"培育一批、申报一批、研发一批、转化一批、报奖一批"，争取更多高级别、高水平科研项目。

加大科研经费投入，每年科研经费占学校正常预算额度不低于3%划拨，确保科研建设。根据学校实际情况对科研经费进行切块管理，保证科研经费到位，建立科研项目申报、立项课题、优秀成果奖励措施，积极鼓励教师参加科研建设，调动教师的积极性。鼓励教师发表高水平论文和出版学术专著，增强学校的学术氛围，提高我校教师的学术水平，形成优势和合力，努力做到引领教学、服务教学、装备教学。

学校建有一批高水平的科研创新平台，其中省级重点实验室1个（江西省太阳能光电材料重点实验室），文化艺术科学省级重点研究基地1个（江西赣剧音乐研究中心），省级科学普及教育基地1个。校级研究所19个。承担省部级以上科研立项208项，其中国家自然科学基金项目2项，国家社科基金2项，全国重大研编出版项目1项；教师共出版专著和教材172部，发表学术论文1769篇，其中中文核心197篇，被SCI、EI、ISTP和CSSCI收录77篇。

获省级以上科研成果奖28项，其中获国家科技进步奖提名奖1项，江西省科技进步二等奖2项，江西省优秀教学成果一等奖2项，省教育科学优秀成果二等奖1项，省社科优秀成果一等奖1项，二等奖1项，三等奖1项，专利389项。

学校注重科研成果的转化和运用，在红军菜（紫背天葵）食品的研发，工业机器人研制，航天数码广播通讯系统多媒体语音学习系统等军民融合项目取得成效。特别是与中国航天广电集团联合研发的音视频系统荣获中国人民解放军军品采购定点单位，成为各军种列装的首选品牌及航空航天系统等项目的配套产品，其产品全国市场占有率达40%。

（六）切实加强师资队伍建设

学校按照"积极引进，加强培养，提高个体素质，优化整体结构"的原则，加强了师资队伍建设。截至2015年，学校共有专任教师1854人，通过实施青年教师硕士化工程、青年教师在职进修培养工程、"双师型"教师选拔和培养工程；校级省级名师工程；高层次、高水平人才引进工程等"五大工程"，学校专任教师中具有研究生学位教师1098人，占比为59.2%；高级职称教师666人，占比35.9%；专任教师中35岁以下750人，35~50岁651人，50~60岁223人，60岁以上230人。有针对性地改善和优化师资队伍结构。同时制定出台了教师培训、教师教学能力提升、双师型教师培养等一系列措施，积极组织教师培训进修，全面提升教师素质。在省教育厅的支持下，学校每年安排大量教师参加课程网络培训、教学改革、教学成果奖推广、多媒体与微课教学推广、教学名师工程、教师企业实践等系列培训班。特别是近两年来，我校共选派了700余名教师参加了各项培训班，其中企业实践培训包括了计算机软件类、工程类、通讯类、财经类、物流管理等双师型教师培养共计32名。学校还选派教师到国内高校访学、出国学习等，有力地提升了学校教师素质。

根据学校人才需求，进一步完善引进人才优惠政策，提供和创造良好的发展环境，实行"不求所有、但为所用"的柔性引才方式，建立一支高水平的兼职教师队伍。从大型企业、公办高等院校聘任具有教学经验和优秀人才兼任教师，拓宽教师来源渠道。

加强名师工程建设，实施高层次拔尖人才引进、培养计划。学校今后每年投入1000万元资金，面向国内外引进高层次优秀人才，重点引进大师级领军人物、优秀的学科带头人和具有实践工作经历的中青年优秀学术骨干。健全和完善学科带头人、学术带头人、专业带头人、教学名师、中青年骨干教师、优秀主讲教师等的选拔、培养、管理、评价、考核制度。学校将采取"择优选拔、重点扶植、动态管理"等一系列措施，选拔培养一批教学、科研成绩卓著，在省内、外知名的中青年学科带头人、教学名师。完善现行的管理体制，大胆启用一批敢于创新、勇于探索的年轻干部，在干部任用中注重年龄的结构，多以中青年管理干部为主。

加大培训经费投入，提高教师整体素质。实施学历提升计划，提高研究生学历比例，有计划、有组织地安排青年教师攻读硕士，实现青年教师硕士化，支持青年教师在职攻读博士学位，加大35~40岁教师攻读博士学位的培养力度，实现教师队伍学历的高层次化，制定学历提升经费报销的有关制度和优惠政策。

成立教师发展中心，加强教师培养培训工作力度。通过举办教学基本功和现代化教学技能培训班，推行青年教师试讲、听课、助课制度以及集体备课制度，使教师能够掌握教学基本功，能够熟练运用现代化教育技术，改善教学方法、提高教学水平。

学校始终把师德师风建设摆在师资队伍建设的首位，制定并实施了《南昌理工学院教师工作规范》《南昌理工学院教师聘任管理的规定及教师守则》，强调教师必须遵守职业道德规范、依法执教、爱岗敬业、教书育人、为人师表；要求教师严谨治学、淡泊名利、自尊自律；鼓励教师提高自身素质和教育教学能力。

认真开展师德师风专题学习活动，建立了师德师风监督反馈机制，将师德表现作为教师考核、聘任和评价的首要内容。学校每学期都开展"优秀教师""优秀上课教师"等评选活动，树立典型，使全体教师恪守师德，为人师表。

（七）强化党的建设和思想政治教育

学校高度重视党的建设工作，一直坚持将党的建设与学校建设同步谋划，党的组织及工作机构同步设置，党的工作与学校中心工作同步开展。充分发挥党的政治核心作用和保证监督作用，为建设有特色高水平民办高校提供有力的政治保障。

发挥党组织的政治核心作用。学校党委书记进入了学校决策机构——学校理事会，并担任学校理事会副理事长。校长和其他行政管理人员按照有关文件精神进入党委会，形成了理事会、校务委员会和党委会目标一致、责任同担的决策程序和机制。

实现党的组织全覆盖。党委设有办公室、党务督导工作部、组织部、宣传部、统战部、纪检监察部、学工部、党校等工作部门。截止2017年年底，全校共有党员1244人，其中学生党员755人。学校设有15个党总支，8个直属党支部，50个基层党支部。

党组织活动制度化常态化。党委先后制定和完善了《中国共产党南昌理工学院委员会关于加强自身建设的决定》《关于加强新常态下党的建设工作的实施意见》和党建工作目标考评细则等16个规章制度，使党的建设工作程序规范化、岗位责任法规化，为党的建设工作和活动提供了制度遵循。严格实行每月第一周星期二活动日制度，保证落实"三会一课"、缴纳党费事项。落实党员教育培训学时制度，每个党员一年培训时间不少于32学时。

发展党员工作进一步规范。学校自2003年成立党委以来，举办入党积极分子培训班31期，按照《中国共产党发展党员工作细则》规定的"控制总量、优化结构、提高质量、发挥作用"的总要求，执行"三推两培一票决"制度，共发展党员5940名。

党建理论研究成果丰硕。全省高校党建研究重大招标项目《民办高校党建工作理论与实践研究》和《创新民办高校党建工作模式研究》分别于2013年、2015年顺利结题，2015年全省高校党建研究一般项目《习近平"中国梦"思想研究》结题，2016年，省高校人文社会科学研究重点课题《有特色高水平民办高校建设研究》已经立项。

党员作用得到有效发挥。校党委把推进"党建+"模式作为扎实做好党建工作的有效载体，把党的建设融入教育教学的全过程、各方面，以党建促进中心工作有效落实，在融合过程中又促进党的自身建设。

党建工作有创新。一是设立党务督导工作部做到令行禁止，保证党务工作渠道畅通责任到位任务落实；二是调整充实学校纪委正风肃纪，做到干部纪律规矩有人抓有人管，形成风清气正的政治生态环境；三是建立由学校教职工和学生党员组成的特约监督员队伍，在学生入党、评优评先、奖助学金的评定、招生等工作上，加大了督查力度。

加大了党建工作保障力度。全校党总支、直属党支部都建有党员活动室，有3个党员活动室被评为全省高校示范活动室。学生宿舍楼栋中创建了19个学生党员活动室，使党的建设、思想政治工作、心理辅导、安全稳定工作得到进一步延伸。近几年，学校理事会每年预算安排200万元左右作为党建专项经费，明确党建经费使用由党委书记审批即可，按照理事会经费切块的相关规定，完善党建经费的管理制度，把握机遇，用活、用足、用好党建经费。

思想政治工作彰显特色。与团中央井冈山培训基地合作，常态性组织师生到井冈山学习培训，接受理想信念教育，传承红色基因，撰写心得体会不忘初心。将航天精神与军魂育人相结合，加强国防教育。学校每年从新生中组织数百人的学生教官队，在课余时间进行军事训练，把思想政治教育纳入教育教学和学生成长成才各个环节。广泛开展"三访"活动，进行深入细致的思想教育工作。"三访"即"书记访党员、干部访教职工、教师访学生"。规定15种必须访谈的情况，专门印制下发访谈记录本，在党员和师生中广泛开展谈心活动，面对面交流情况，听取意见，传递正能量，结交朋友，及时化解问题，加强教育。高度重视贯彻落实全国、全省思想政治工作会议精神，认真落实专职辅导员生师比比例，配齐配强思政工作人员。统战工作取得成效。工会在教职工中推行"三师"制，引导教职工理性维权。2017年11月，全国教科文卫体系民办非企业单位工会工作经验交流会在江西召开，我校成为会议唯一参观现场。加强对党外人士的思想引导团结教育，学校在全省民办高校中率先建立了九三学社分支组织，2017

年获评九三学社江西省委员会年度考评先进集体。

军魂育人的德育工作方式。学校依托江西是"红色摇篮"、南昌是"八一起义"的英雄城、创办学校的南昌航天科技集团源于解放军驻赣部队下属的工厂、企业集团和学校的创办人是部队培养的优秀企业家等独特优势,引进一批部队退役人才参与教学和管理,通过组建大学生军训教官队,进行新生军训,移植军队的教育、管理模式,实行准军事化管理,创建了军魂育人的德育工作新方式。军训教官队共两千名队员,在校内执教军训新生共计16万余人,一大批优秀队员光荣入党。队员在校期间是优秀的学生骨干,在思想政治工作中起到同龄人教育同龄人、身边人教育身边人的特殊作用。学校被省人民政府首批命名为"江西省国防教育基地";团中央为学校拍摄《军魂育人》专题电视片,列为全国高校加强学生思想政治工作典型实录,在中央电视台播放;求是杂志社《红旗画刊》2007年第8期以《军魂铸就南昌理工学院》为题,专栏进行大篇幅报道。学校被评为全省"全民国防教育先进单位"。2018年,南昌理工学院被教育部命名为"全国国防教育特色学校。"

(八)加强文明平安美丽校园建设

着力打造校园文化品牌。制定学校校园文化发展建设规划,推进文化建设与创新。设计学校视觉形象标识,规范校内建筑、道路与景观命名,逐步完善具有南昌理工学院特点的标识体系;建设主题突出、格调高雅、特色鲜明的校园人文景点。以建设精神家园、培养人文素养、提高学生综合素质为目标,以人文精神与科学精神培养为重点,着力建设整洁美观、各具特色、充满活力的学校专业文化,形成浓厚的专业文化氛围。

加强文化阵地建设。加快建设名人雕塑园。建设大学生文化艺术活动中心、大学生创新创业基地。建设集电子屏系统、校园电视系统和校园网系统三位一体的校内宣传阵地，逐步替代横幅、海报等传统宣传媒介，优化文化发展环境；提高《南昌理工学院校报》办报质量，拓展对外宣传渠道，扩大学校的社会影响力；加强网络阵地建设，掌握网上舆论主导权，形成文明健康、积极向上的网络文化氛围。认真落实新闻发言人制度，健全突发事件媒体应对机制，提高媒体公关水平。强化学生寝室主阵地，加强学生思政管理及寝室文化建设。

健全以共青团为主体、学生会和社团为两翼的校园文化建设格局，突出校园建设的文化品位。开展形式多样的学术活动，营造学术氛围。充分挖掘校园人文资源，不断充实校史馆、档案馆的内容，以了解校史、传唱校歌、解读校训等多种教育形式实践和传承南理（航天）精神。广泛组织发动师生员工参与校园文化活动，积极扶持各种师生文化团队，鼓励和支持师生员工进行校园文化活动内容与形式创新，不断充实和丰富校园文化活动的体系，形成浓厚的校园文化氛围，选择多个高品位、有特色、基础好的文化活动项目进行精心打造，逐步推出代表学校校园文化、艺术、体育水准的品牌项目，用体育激励人生，用艺术怡养校韵，用文化构建特色，积极开展对外文化交流，增强文化软实力。发挥校园文化建设组织领导机构的功能，推进校园文化建设，创新文化建设手段，丰富文化活动内容。

弘扬优良校风，提倡学生自主、师生平等与教学互动，培育良好学风；倡导社会主义荣辱观，将大学生理想信念教育、爱国主义教育、公民道德教育、诚信教育和基本素质教育贯穿于教育教学活动的全过程。从校园的物质环境、制度环境及校园日常活动等方面，着力营造蓬勃向上的校园精神文化，不断推进校风建设。

以传承航天精神为主要内容的校园文化，在校园建设中建筑与景点布置上力争体现办学传统、办学特色、校园文化和人文精神。注重发挥学生社团的作用，倡导健康校园文化。现有学生社团39个，骨干会员4525人。组织了军训教官队、国旗护卫队、航模队、军乐队、学生艺术团、合唱团、锣鼓队、礼仪队等艺术团队。组织学生参加大学生运动会、省运会、学生文化节等专题性课外文体活动。每年举办"科技节""艺术节""理论研讨会""运动会"。

学校为非艺术专业学生开设了音乐、美术、舞蹈、形体、动漫、文学等选修课程，有一批高水平的文艺教师进行指导。组建了军乐队、威风锣鼓队、艺术团、广告摄影协会等文化艺术团体，每年举行科技文化艺术节、学生社团节，活动内容丰富多彩。在纪念红军长征胜利70周年之际，艺术团排练了《长征组歌》，在校内外连续演出30余场，受到广泛赞誉。参加省级以上文化艺术比赛，取得了优异成绩。学校师生参加各种文艺演出比赛，获省级以上奖11项，《山乡恋歌》《梦断婺江》《心中的鄱阳湖》分别获省级一、二等奖。《七彩畲乡》获文化部、国家民委、国家广电总局少数民族文艺会演剧目金奖和作曲、配器一等奖。

学校以航天航空为主题构建校园文化，校园内精心布置退役战机、火箭、卫星模型，并用"航天大楼""神箭广场"等名称命名一批建筑，洋溢着浓厚的航天航空氛围，激励着广大学生，传承航天精神，为实现中华民族伟大复兴的中国梦而努力学习。

参考文献

[1]人民出版社.国家中长期教育改革和发展规划纲要（2010-2020年）[M].北京：人民出版社，2010.

[2]法律出版社.中华人民共和国民办教育促进法[M].北京：法律出版社，2016.

[3]教育部.关于全面提高高等教育质量的若干意见（教高〔2012〕4号）

[4]教育部.关于全面提高高等职业教育教学质量的若干意见（教高〔2016〕16号）

[5]中共中央组织部中共教育部党组.关于加强民办高校党的建设工作的若干意见（教党〔2006〕31号）

[6]国务院办公厅.关于加强民办高校规范管理引导民办高等教育健康发展的通知（国办发〔2006〕101号）

[7]教育部，国家发展改革委财政部.关于引导部分地方普通本科高校向应用型转变的指导意见（教发〔2015〕7号）

[8]张立娟.中国私立大学的困境与展望[J].当代教育论坛,2007(11).

[9]汤保梅.中国民办高等教育发展的历史与现状[J].黄河科技大学学报，2006（1）.

[10]李晓鹏.我国民办高校面临的发展机遇、挑战及对策研究[D].济南：山东师范大学，2005.

[11]肖甦.生存与发展：国际视野下的私立教育 [M].北京：高等教育出版社，2011.

[12]刘林.民办高校发展与策略研究 [M].石家庄：河北教育出版社，2010.

[13]肖俊杰.民办高等教育财政研究 [M].上海：上海交通大学出版社，2009.

[14]柳亮，胥青山.日本私立高校的发展特点及其对我国民办高等教育的启示 [J].清华大学教育研究，2004（10）.

[15]唐卫民.日本私立高等教育经费来源探析 [J].高等教育研究，2007（05）.

[16]李明忠.韩国浦项科技大学的办学定位与特色发展 [J].高等工程教育研究，2012（4）.

[17]徐雄伟，高耀明.民办高校学术职业现状的调查分析 [J].高等教育研究，2013（1）.

[18]黄伯云.特色发展：大学办学之理念 [J].高教研究与探索，2003（1）.

[19]杰拉德·卡斯帕尔.成功的研究密集型大学必备的四种特性 [J].国家高级教育行政学院学报，2002（5）

[20]李桂荣，郝连儒.民办高校构建现代大学制度的内部优势与外部条件 [J].教育与职业，2014（32）.

[21]史迎霞.构建具有民办高校特色的党建工作机制 [J].北京城市学院学报，2011（5）.

[22]游秀凤，林艳.民办高校科研工作现状及对策研究 [J].理论观察，2016（7）.

[23]刘亮军，汪筱苏.构建具有民办高校特色的党建工作机制 [J].学理论，2014（7）.

[24]郁政宏.形势下提升民办高校党建工作水平的研究 [J].教育观察月刊，2015（4）.

[25] 徐雄伟，高耀明. 民办高校学术职业现状的调查分析 [J]. 高等教育研究，2013（1）.

[26] 王小梅，崔丹. 办高校教师队伍建设特色化内涵的思考 [J]. 吉林工商学院学报，2012（6）.

[27] 王维坤，温涛. 民办高校师资队伍建设的问题与出路：以辽宁省民办高校为例 [J]. 中国高教研究，2014（1）

[28] 周正钟. 民办本科高校特色办学的探讨：以广东培正学院外语特色办学为例 [J]. 辽宁行政学院学报，2009（10）.

[29] 杨雪梅，贾全明. 论民办高校办学特色体系及其构建 [J]. 教育与考试，2010（3）.

[30] 王宁. 浅析民办高校应用型人才培养优势 [J]. 教育教学论坛2014(14).

[31] 李梅生，钟玉梅. 民办高校学生特色管理的新探究 [J]. 南昌教育学院学报，2011（10）.

[32] 崔丽英，李纪惠. 浅析民办高校教务管理特色建设 [J]. 中国电力教育，2011（29）.

[31] 李惠芳. 浅谈民办高校特色管理模式 [J]. 东方企业文化,2014(21)

[32] 逍遥. 基于就业需求的民办高校特色专业建设研究 [J]. 长沙大学学报，2014（3）.

[31] 赵凤，徐梅. 民办高校特色专业建设初探 [J]. 科技视界，2014（11）

[32] 许栋梁. 浅议民办高校特色学科建设 [J]. 长春金融高等专科学校学报，2011（2）.

[33] 甘宜涛，徐建华. 特色战略：民办高校战略发展的必然选择 [J]. 继续教育研究，2014（7）

[34] 陈文联. 特色化：民办高校可持续发展的基本策略 [J]. 黄河科技大学学报，2006（8）.

[35] 陈文联，刘姗姗. 困境与超越：高水平民办大学建 [J]. 浙江树人

大学学报，2015（5）.

[36]任芳，李子猷.中国民办高校发展问题研究综述[J].西安欧亚学院学报，2011（1）.

[37]吴文刚，周进.从资源到资本：民办高校资源转化机制构建[J].高等工程教育研究，2016（1）.

[38]贾少华.民办高校的优势及其发挥：基于公、民办高校比较的分析[J].高等工程教育研究，2008（2）.

[39]潘懋元，罗先锋.民办高校机制优势研究[J].浙江树人大学学报，2014（9）.

[40]郝连儒.民办高校建设应用型大学的机遇与优势[J].吉林工程技术师范学院学报，2016（7）.

[41]杨艳，红陈啸.民办本科院校转型发展面临的机遇与挑战[J].教育与职业，2017（4）.

[42]夏季亭，王蕾.民办高校构建现代大学制度的优势与挑战[J].中国成人教育，2012（1）.

[43]周国平，王超.民办高校固有优势的弱化与丧失[J].教育发展研究，2011（2）.

[44]金秋萍.高水平民办高校的建设路径探析：以某民办高校为例[J].浙江树人大学学报，2015（2）.

[45]王一涛，毛红霞.公益性、高水平民办高校的内涵及其建设：第五届中外民办高等教育发展论坛综述[J].浙江树人大学学报，2012（3）.

[46]樊继轩.新建本科院校应用型创新人才培养路径研究[J].黄河科技大学学报，2014（2）.

[47]张国占.新时期我国民办高校党建工作研究[J].生物技术世界，2013（9）

[48]张祥瑞.新时期民办高校基层党组织工作现状及对策研究[J].现代经济信息，2015（11）.

[49]雷宏.民办高校办学水平评估的理论研究[J].集美大学学报（教育科学版）2007（4）.

[50]徐绪卿.于我国民办高等教育评估的若干思考[J].教育发展研究，2005（8）.

[51]胡银花.关于民办高校校园文化建设问题的初步研究[J].民办教育研究，2006（6）.

[52]邹世享，李杨.新时期我国大学校园文化建设创新的途径探析[J].求是，2009（1）.

[53]2002年中外大学校长论坛课题组.大学办学特色的形成发展战略[J].国家教育行政学院学报，2003（6）.

[54]教育部高等教育教学评估中心.高等学校"办学特色"纵横谈[J].中国大学教学，2006（9）.

[55]章清.民办高校校园文化建设的实践与思考：以浙江树人大学为例[J].浙江树人大学学报，2010（1）.

[56]徐绪卿.浙江树人大学办学特色建设的实践与思考[J].浙江树人大学学报，2009（11）.

[57]谢浔.海南科技职业大学的办学特色与发展方向[R].

[58]王玉宝.南昌理工学院本科教学工作合格评估报告[R].

后 记

　　《国家中长期教育改革和发展规划纲要(2010—2020年)》提出建设有特色高水平民办高校，给民办高校带来了难得的发展机遇。建设有特色高水平民办高校，理论研究不可缺少。出于为建设有特色高水平民办高校提供必要理论支持的考虑，我们商定把有特色高水平民办高校建设作为一个课题进行研究。本课题提出后，作为江西省高校重点课题进行了申报并获得立项，从而进一步增强了我们做好这一课题研究的决心和信心。

　　本课题为集体研究项目，由南昌理工学院组织编著。课题组成员包括邱小林（南昌理工学院理事长、法人代表、荣誉校长）、杨秀英（南昌理工学院常务副理事长、荣誉校长、海南科技职业大学理事长）、李贤瑜（南昌理工学院名誉校长、副理事长）、傅鹏鹏（南昌理工学院党委书记、督导专员、副理事长）、周绍森（南昌理工学院决策咨询委员会副主任）、郑克强（南昌理工学院决策咨询委员会副主任）、赵志元（河北省旅游集团党委原书记）、黎青平（杭州师范大学党委原副书记）、张建国（河北省委政策研究室原副主任）、张云林（南昌理工学院总督学）、王玉宝（南昌理工学院副校长）。张进、王盼盼为本课题组的联络员。课题由傅鹏鹏、赵志元、黎青平组织策划，采取分工合作方式进行。具体分工如下：前言执笔人：赵志元；第一、二章执笔人：张建国、郝建强（《河北民办教育》责任编辑）；第三章、第四章一二三节执笔人：黎青平；第四章第四节执笔人：傅鹏鹏；第五章执笔人：张云林、傅鹏鹏；第六章执笔人：黎青平、

232

陈凡（杭州师范大学副教授）：第七章第一节执笔人：柳庭均（杭州职业技术学院讲师）；第七章第二节执笔人：赵志元 、郝建强；第七章第三节执笔人：杨秀英；第七章第四节执笔人：王玉宝；后记执笔人：黎青平。本课题在研究过程中，多次进行了集体研讨。文稿形成后，由黎青平、张建国统稿并润色，傅鹏鹏审稿，最后由课题组集体讨论定稿。

　　本课题以南昌理工学院为课题研究的依托单位，学校领导和有关部门对课题研究提供了大力的支持与保障，两位联络员做了大量具体事务工作。河北省教育厅巡视员张益禄、河北省民办教育协会闫春来在课题调研中给予了全力帮助。课题组在研究中参阅学术界已发表的大量研究成果，吸收了许多学者的观点和材料，在此一并表示感谢。

　　有特色高水平民办高校建设是一个具有重要理论与现实意义的课题。为做好这一课题研究，课题组成员始终保持一种认真负责的精神状态，从调研、讨论、写作到修改，每一项环节和工作都尽心尽力，力求做好。但是，由于课题本身所具有的复杂性，加课题组成员水平所限，研究中难免会有不当、不周之处，敬请广大读者给予批评指正。